地域ガバナンスシステム・シリーズ　No. 1

地域人材を育てる
自治体研修改革

土山希美枝　著

龍谷大学地域人材・公共政策開発システム
オープン・リサーチ・センター（ＬＯＲＣ）
企画・編集

公人の友社

もくじ

1　転型期の自治体と「地域人材」

●「参加・協働」型社会と「地域人材」

自治体は、その機能と役割を大きく変えようとしている。

目に見える変化としては、二〇〇〇年の地方自治法改正、分権一括法施行があるが、その背景には高度成長期以来の社会変動があった。この変動を詳しく説明することはこのブックレットの目的ではないが、これが社会の構造を変える変動であったことを指摘しておきたい。この変動によってわたしたちの社会は、政策・制度のネットワークという基盤のうえにひとびとの生活が成立する、いわゆる都市型社会としての成熟を進めた。こんにち、政治の最も大きな課題は、生活の基盤であり、変化しつづけ問題が起こりつづけるわたしたちの社会を、政策・制度によっていかによりよく、あるいは持続可能なものとして運営していくかである、といってよい。このとき地域は生活の現場であり、政治の課題の現場である。そして、自治体はその現場にもっとも近い政府として、政策・制度のネットワークの構築により、社会とそこで営まれるひとびとの生活の基盤を支えるという重要な機能を果たすようになってきたのである。分権改革の背景にはこうした社会構造の変化と、それに手探りで応えようとしてきた先駆自治体のとりくみがある。

このような変動のなかで、「自治・分権」が重要なキーワードとして浮かび上がってきた。こんにち、生活をめぐる政治課題は多様であり、利害は複雑にからみあっている。社会の構成員であり、生活の主体であり、自治体の主権者である市民と、その市民の生活に最も近い政府である自治体が、課題の現場で課題の解決に向けて自由に考え行動できることが必要なのである。政治課題が争点となり、政策化され、ルールなどの制度ができていく過程のなかに、必要性や喜びを感じて自発的にとりくむ多様な主体の活動と主体どうしの連携がなくては、さらにはそれを可能とする分権がなくては、これからの社会を支えていくことはできない。

ここでは、自治体を政府としてとらえているが、こんにちの政府は、社会でうまれる多くの課題の一部に、ヒト・モノ・カネといった政策資源を集中して政策・制度をつくり、解決を模索する役割を持っている。みかたを変えれば、政府は、税をはじめとする市民から集めた資源によって、市民生活とその基盤となる社会の運営を支える、市民の代行機関であるといえる。市民の参加や参画が必要とされるのは、このためである。市民は社会のメンバーであり、政策・制度のユーザーであり、政府のオーナーである。そして、自治体は市民とその生活の現場に最も近い政府として、重要な機能を果たす存在となっているのである。

このような変動がすすんでいく過程で、地域公共政策が対象とする領域は多様化し、深化・拡大してきた。それは、「市民生活とその基盤である社会を支える政策・制度のネットワークづくり」の深化・拡大でもあった。しかし、高度成長期から四〇年、その過程は岐路にあるといえる。たとえば、自治体が果たすべき役割のこのような変化が、既存の制度や、その運用や、それらの背景となるひとびとの理解と十分連動しているだろうか。二〇〇〇年の分権改革の意味は国にも自治体にもひろく理解され、活用されているだろうか。高度成長期の右肩上がりの成長を前提に、自治体は地域公共政策を自らの領域として拡大してきたが、そのあり方も問われている。社会で生まれ続ける課題に、その現場に直面する市民と自治体が解決にとりくむ政策過程を展開していけるかどうかは、課題の主体である市民と自治体の「自治・分権」のありように、さらに言えばその担い手となるひとびとがどれだけゆたかな能力を発揮する環境にあるかにかかっている。

地域社会と拡大する公共政策の課題は、誰が、どのようにになっていくべきか。「自治・分権」を基礎とする持続可能な協働型社会をどう実現していくか。龍谷大学 地域人材・公共政策開発システムオープン・リサーチ・センター（略称ＬＯＲＣ）は、こうしたあたらしい社会において地域公共政策の過程をになうひとびとを「地域人材」と仮称し、社会に多様で幅広い「地域人材」層がかたちづくられていくための研究にとりくんでいる。「地域人材」は未成熟な用語だが、まずは**図１**のように大きな幅をもって描くことができよう。たとえばまちづくり活動をする市民、ＮＰＯスタッフ、自治体職員などは、専門性や職業性に多様な幅をもちつつも、「地域人材」として共通の「何か」をもつひとびとなのである。多様な専門分野や職業をもつ「地域人材」、「自治・分権」の担い手となる人々が社会のなかにひろくいること、その能力を発揮できる状況にあることが、求められているのである。

図１　地域人材の専門性・職業性と人材の分布イメージ

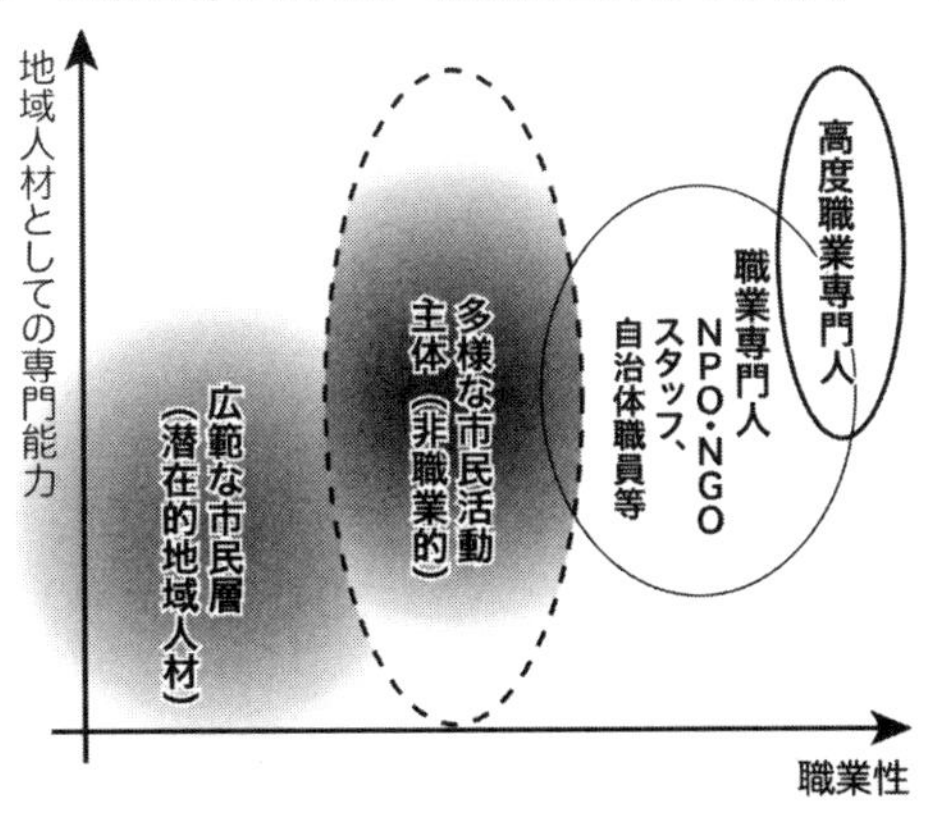

●自治体職員と職員研修制度

ＮＰＯ・ＮＧＯ職員、自治体職員、議員、地域政策を扱う研究者など、「地域人材」専門職業種は多様にあげられる。このなかでも自治体職員は、二〇〇三年四月時点で一〇八万人余り（二〇〇三年四月）という厚い層をなし、「地域人材」職業人としては現在ほとんど唯一、多数の利用者・受講者が存在する制度化された研修システムをもっている。

しかし、現在、人材育成や能力開発のためのシステムとしての自治体職員の研修制度は、大きな課題を抱えているといわれる。とくに、今後の自治体に求められる機能と役割の変化に応える人材をいかに育成するのかは、新しく難しい課題となっている。自治体の変革にとって、その担い手である人的資源がいかに重要かはいうまでもない。だが、財政危機や業務の増加を背景に、人材育成や能力開発の機会としての研修には十分な力が注がれていないのではないか。自治体に求められる変革や、それを可能にする人材像やその能力の認識はなされているだろうか。また、研修機関は、自治体変革の必要に応える研修の変革を行っているのだろうか。研修の手法や制度はどのようなものであり、効果ある研修とはどんなものだろうか。ＬＯＲＣの視角からは、自治体職員研修は都市型社会・分権社会の担い手となる人材の育成システムとしてとらえられるが、その課題はなにか。こうした関心から、ＬＯＲＣでは、二〇〇四年二月から三月にかけて、「地域政策を担う人材育成のあり方と課題」アンケート調査を行った。

次章以降、この調査結果を基礎に、自治体職員の、ひいては「地域人材」の人材育成と能力開発の課題や可能性について述べていきたい。

ＬＯＲＣには四つの研究班があるが、このアンケートは第二班である「地方公務員とＮＰＯ職員養成のための民官学共同養成・研修・研究システム」研究班が中心となって企画し、実施した（ＬＯＲＣの研究活動について詳しくはウェブサイトhttp://lorc.ryukoku.ac.jp/を参照されたい）。本書の本文は土山が執筆しているが、その基礎は、二班また他班の有志による研究会での分析と議論によって形成されている。また、二年にわたるＬＯＲＣの研究活動のなかで得た多くの事例や示唆から、本書の趣旨にかかわりが深いものについて、ＬＯＲＣ内外の諸氏にコラムとしてご寄稿いただいた。ここで厚くお礼申し上げたい。なお、関西総合研究所の宮本三恵子氏にデータの処理や分析にあたって、ＬＯＲＣリサーチ・アシスタントの金湛氏に主成分分析にあたって、また同じく新井健一郎氏に作業全体にわたって、大きな力添えをいただいた。三氏にもまた深く感謝申し上げる。

2　自治体職員研修の現在をさぐる

〜「地域政策を担う人材育成のあり方と課題」アンケート

●アンケートの趣旨と方法

このアンケートは、「地域政策を担う人材育成のありかたの現状と課題をさぐる」調査の一環である。日本における「地域人材」育成の現状にたいするＬＯＲＣの課題提起を自治体職員研修制度から検証し、ＬＯＲＣプロジェクトの今後の研究活動の基礎資料とすることを目的として企画、実施した。

高度成長期から近年にいたるまで、日本では拡大する地域公共政策の展開の大きな部分を自治体がになってきた。地域政策をになう人材の育成や能力の開発についても、職員研修機関が一定の役割を果たしてきたといえる。しかし、地方自治をとりまく状況が大きく変化し、自治体の機能と役割の変化があきらかになったいま、職員研修制度は、新たな視点から改革が求められている。変革を意識し、市民とかかわりながら展開される、こんにちの地域公共政策の過程を担いうる人材と能力を育てうるシステムとして、自治体職員研修がどのような課題と可能性をもっているかは、日本における「地域人材」能力開発にとっても大きな意味をもつ問いである。また、LORCが今後めざす、「地域人材」育成と能力開発の手法の構想にとっても、自治体職員研修制度とその内容の検証は重要である。

以上のように、自治体職員の研修現場の現状と現状認識、また、新しいとりくみや模索を明らかにしつつ、これらの検証によりLORCプロジェクトの研究活動をいっそう深化させることを目標とし調査を行った。

●調査の対象と方法

アンケート調査は二〇〇四年二月から三月にかけて実施した。対象とアンケート回収数、回収率は**表1**のとおりである。回収率が約七割という高い値になったことは、調査の意義や課題意識が多くの回答者の共感をいただいたためと考えている。年度末の多忙な時期に回答していただいた担当者のかたがたにあらためて厚く御礼申し上げたい。

全国調査は、研修機関の現状をとらえることを目的とし、市独自で研修機関を運営しうる規模として二〇万以上の人口を有する市や東京都特別区、市町村が合同で設置運営している研修機関のうち把握できたもの、県設置の機関について行った。

滋賀県・京都府・大阪府・兵庫県では、この地域の職員研修の全体像をとらえることを目的とし、二〇万人未満のすべての市町村をふくめて調査を行った。近畿という地域事情や中小規模市町村の研修事情を示すものとなった。以降、四府県悉皆調査と表記し、全国

表1　アンケートの発送と回収数、回収率

	発送数	回収数	回収率
①都道府県、市町村合同設置の研修機関及び研修を目的とする財団法人等	87	64	73.6 %
②政令指定都市の設置の研修機関	13	7	53.8 %
③人口20万人以上の市及び東京都特別区設置の研修機関等	117	83	70.9 %
④滋賀県・京都府・大阪府・兵庫県の全市町村（上記を除く）の研修機関	205	137	66.8 %
a．全国調査　　①～③計	217	154	70.97%
b．近畿四府県悉皆調査　①～③のうち四府県分＋④	231	159	68.8 %
c．主成分分析　①～④計	－	291	－

調査と区別する。

回答は、研修所など独立した研修機関や研修部署がある場合には、その機関の企画担当者にあてて回答をお願いした。総務部や人事課の内部に研修課・研修係が位置づけられている場合は、その担当者にお願いした。したがって、このアンケートは、「自治体の研修を企画し実施する側」の回答といえる。

ＬＯＲＣではこのアンケートの詳細について、二〇〇四年一一月に報告書を発行した（問いあわせはＬＯＲＣまたはＬＯＲＣウェブサイトまで）。このブックレットでは、全国調査の結果を基本に、四府県悉皆調査の結果を中小規模市町村の状況を示すものとして参考し、解説する。全国調査の質問票は巻末を参照されたい。なお、四府県悉皆調査の設問は、一部追加設問があるが、全国調査とほとんど同一であった。

●アンケートの概要（1）転型期の職員像

アンケートでは、表2のように自治体職員の能力の分野と項目を整理し、これらのなかから『今後、すべての職員に必要となる能力』、『今後、専門性ある職員に必要となる能力』、そして『これ

表2　アンケートで選択肢とした能力項目

参加・協働の能力	1　**コミュニケーション能力**：市民や事業者など外部の主体と円滑に意志疎通ができ、共同で事業やとりくみを展開していける能力。
	2　**調整・交渉能力**：利害が異なる多様な主体どうしの対立のなかにあって、調整や交渉を重ね一定の解決策を見いだすことができる能力。
	3　**説明責任、応答能力**：市民や事業者などとの協働・参加過程において、行政側の責任主体として十分な情報の提供や対応が可能な能力。
政策・行政の手法	4　**法律知識**：自治体関連法規や職務に必要な法規・例規を適切に理解できる能力。
	5　**政策法務**：政策の実現にむけて、法規・例規を解釈し、立法できる能力。
	6　**政策の実行力**：人をふくめた地域の資源、事情、課題を収集し、具体的な施策展開にいかしていける能力。
	7　**先駆事例の応用**：他の自治体の事例を積極的に調べ、適用の可能性や展開を構想する能力。
	8　**効率性**：事業展開に際して、必要なコストの合理的計算ができ、効率性を高める手法をとることができる能力。
	9　**政策評価**：政策評価や目標管理の意義、手法を理解し、適切に処理できる能力。
	10　**新しい理論・動向の吸収能力**：NPMやPFIなど、職務や行政分野の新しい理論や手法を積極的に吸収する能力。
職業人・組織人としての基礎能力	11　**常識**：時事、教養など、社会人としての基礎的な知識。
	12　**態度**：敬語、時間厳守、電話対応など、社会人としての節度ある態度を示すことができる能力。
	13　**接遇**：窓口対応、苦情対応、質問対応などで、相手に不快感を与えず対応できる能力。
	14　**協調能力**：上司、部下、同僚との適切な意思疎通、情報交換が日常の勤務において無理なくできる能力。
行政組織人としての能力	15　**公務員倫理**：人権意識、守秘義務、公務員としての役割を理解し、遵守できる能力。
	16　**事務処理能力**：コンピューターリテラシー、文書作成、稟議など、職務遂行にかかる事務を効率的に処理できる能力。
	17　**組織内調整力**：実現すべき政策目標にあわせ、所管課（係）をこえて他部課を説得し、連携して業務遂行できる能力。
	18　**改革推進能力**：職員を統括し、行政運営を円滑にすすめるための課題を発見し、リーダーシップを発揮できる能力。

まで提供してきた項目』をそれぞれ一位から五位まで選んでもらった。その結果が図2～4である。選択に違いがあることがわかるだろう。

【今後の自治体職員に必要とされる能力】

まず、『今後、すべての職員に必要となる能力』では、市民や事業者など、外部の相手にたいする「説明責任・応答能力」「コミュニケーション能力」が選択されている。とくに「コミュニケーション能力」

図2　今後、すべての自治体職員に必要となる能力

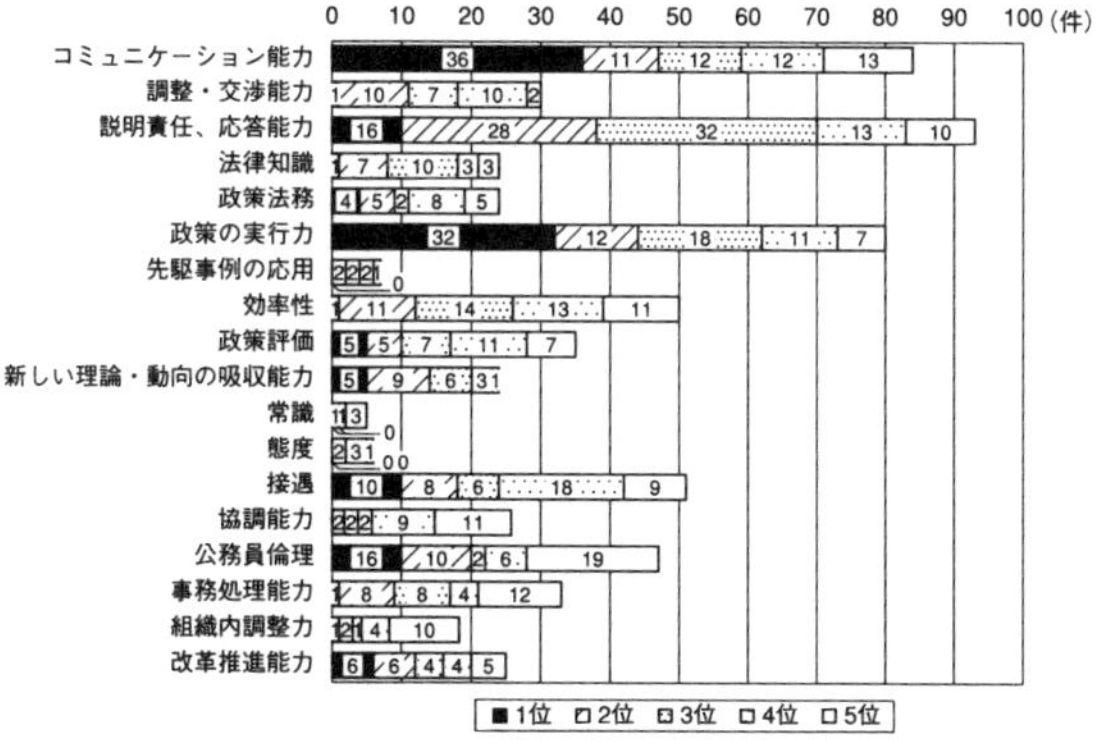

図3　今後、専門性ある自治体職員に必要となる能力

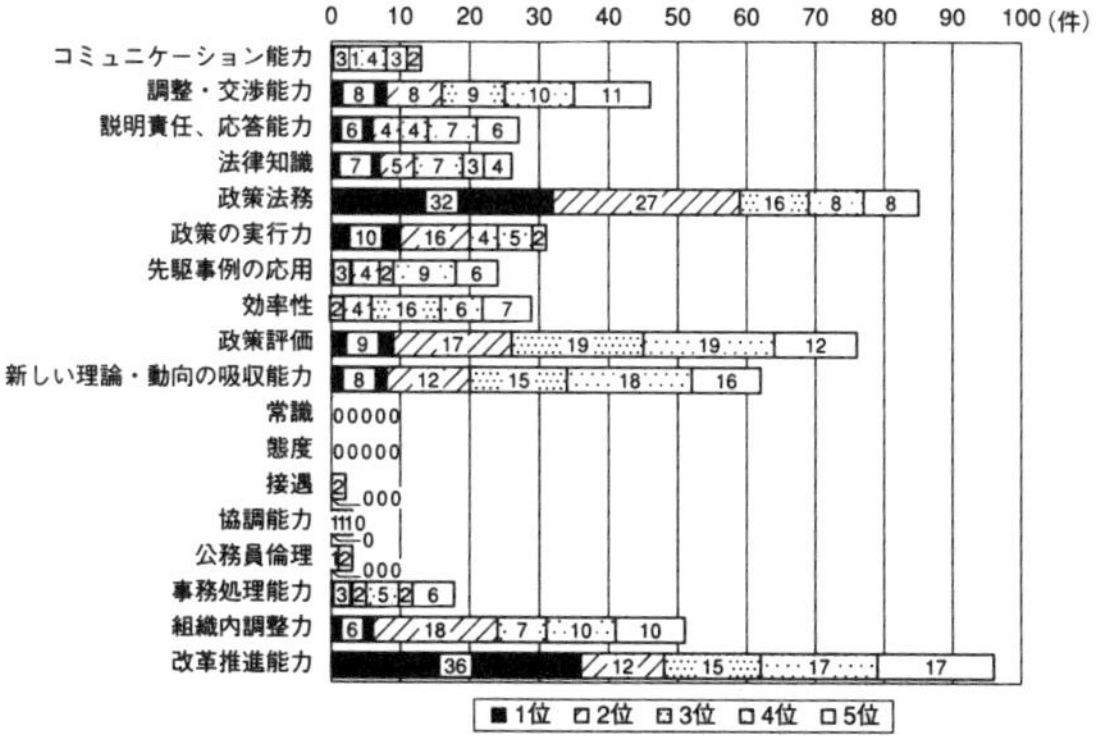

は一位として回答されることが多く、重要視されていることがわかる。この二つの能力は「参加・協働」による地域政策の展開を可能とするための基礎能力であり、応接のための能力である「接遇」や「態度」とは質の異なる能力が選択されたことがわかる。

『今後、専門性ある職員に必要となる能力』では、選択の様子が『すべての職員に必要な能力』と異なることが一見してわかる。ここでは、「政策法務」「政策評価」「新しい理論・動向の吸収能力」など、まさに地域政策展開の核になる政策形成能力が選択されている。組織のなかでは「調整能力」よりも「改革推進能力」の選択が高く、自治体の変革が求められている転型期において、核となるスタッフに必要とされる能力がはっきりと示されているといえる。

【これまでの職員研修が重視してきた能力】

『今後必要となる能力』の回答と図4『これまで職員研

図4　これまで職員研修で重視し研修として提供してきた能力

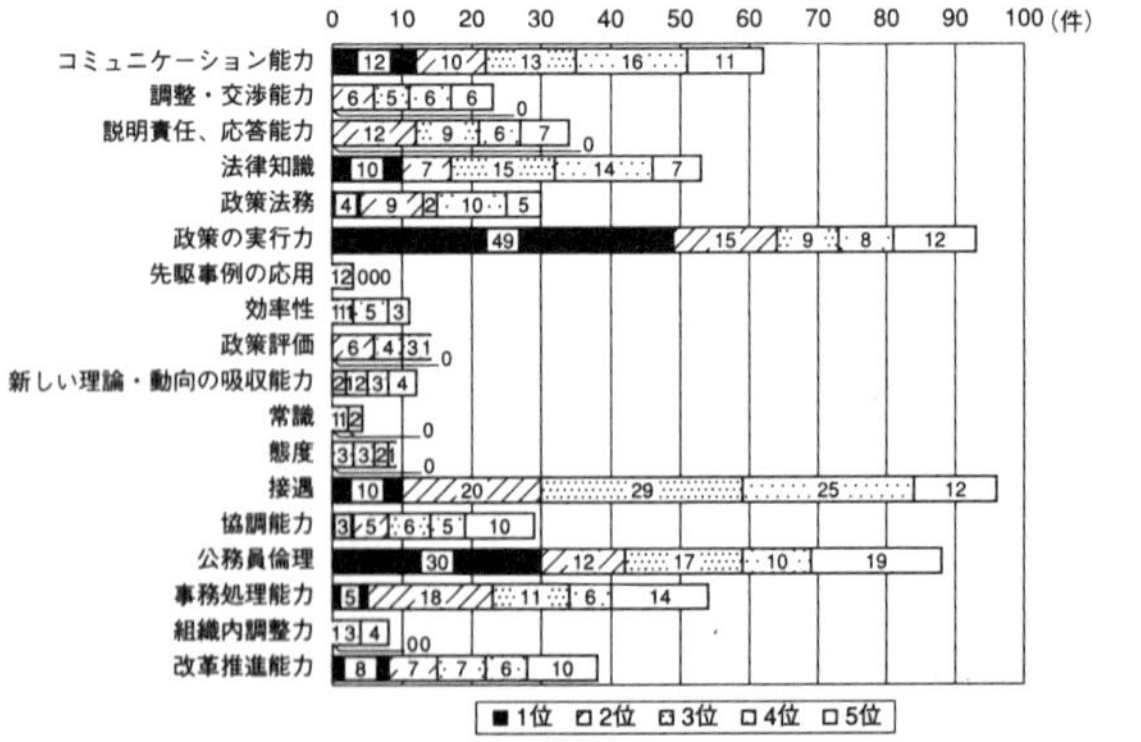

修で重視し研修機会を提供してきた能力』の回答とは隔たりが大きい。『今後、全員に必要となる能力』でも選択されていた「政策の実行力」がここでも高い値を示しているが、『今後…』のニーズを先取りした研修機会の提供がなされてきたというよりも、「政策の実行力」がさす領域が幅広いため選択が集中したのではないだろうか。また、『今後…』の二設問での回答ではあまり重視されていなかった、「接遇」「公務員倫理」など心構えや応接にあたるものに重点が置かれていることが指摘できる。

【四府県悉皆調査、中小規模自治体の選択】

同じ設問を、多数の中小規模自治体をふくむ近畿四府県悉皆調査でみると、図5~7、表3となる。『今後、すべての職員に必要となる能力』で「コミュニケーション能力」「説明責任・応答能力」が、『今後、専門性ある職員に必要となる能力』として「政策評価」「新しい理論・動向の吸収能力」「改革推進能力」が高く選択され

図5　今後、すべての職員に必要とされる能力（四府県調査）

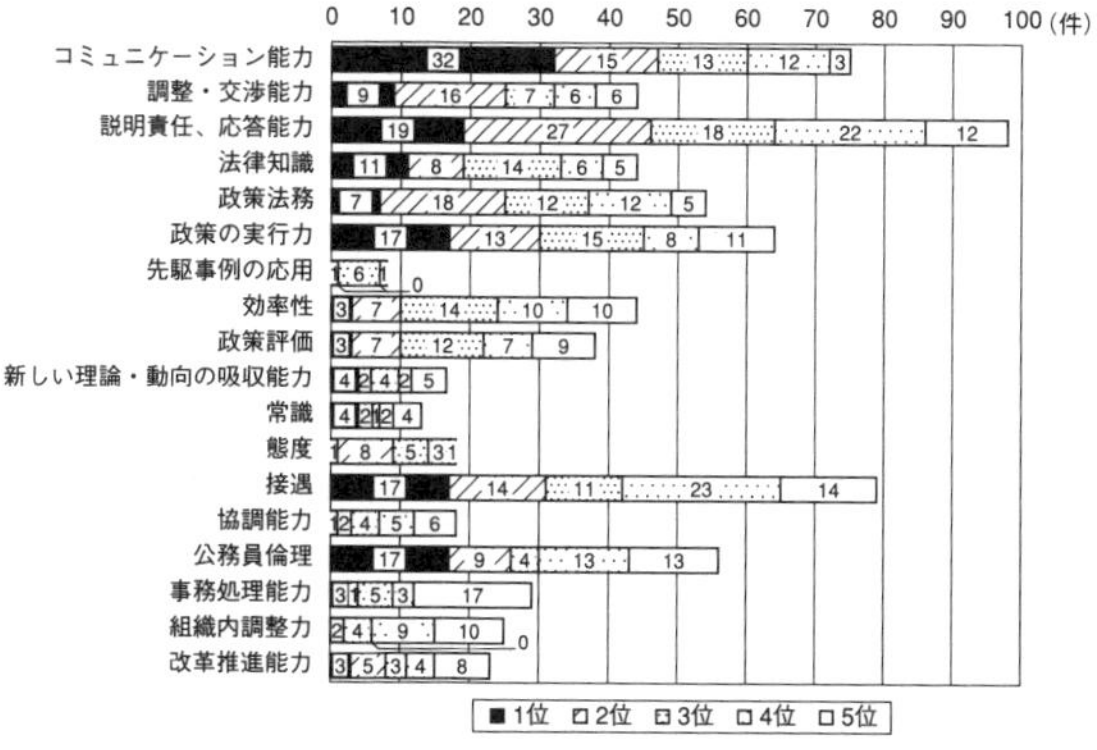

ていることは全国調査と同じ傾向だが、異なる傾向として「政策法務」「法律知識」などが、『すべての職員』にも『専門性ある職員』にも必要と選択されていることがわかる。

この違いは表3で自治体規模別の回答をみるとさらに鮮明となる。職員数の少ない小規模自治体にとって、どの職員にも地域政策の形成にかかわる能力が必要とされていることが、『すべての職員』『専門性ある職員』で重複した「政策法務」能力の選択としてあらわれているのだろう。

図6　今後、専門性ある職員に必要とされる能力（四府県調査）

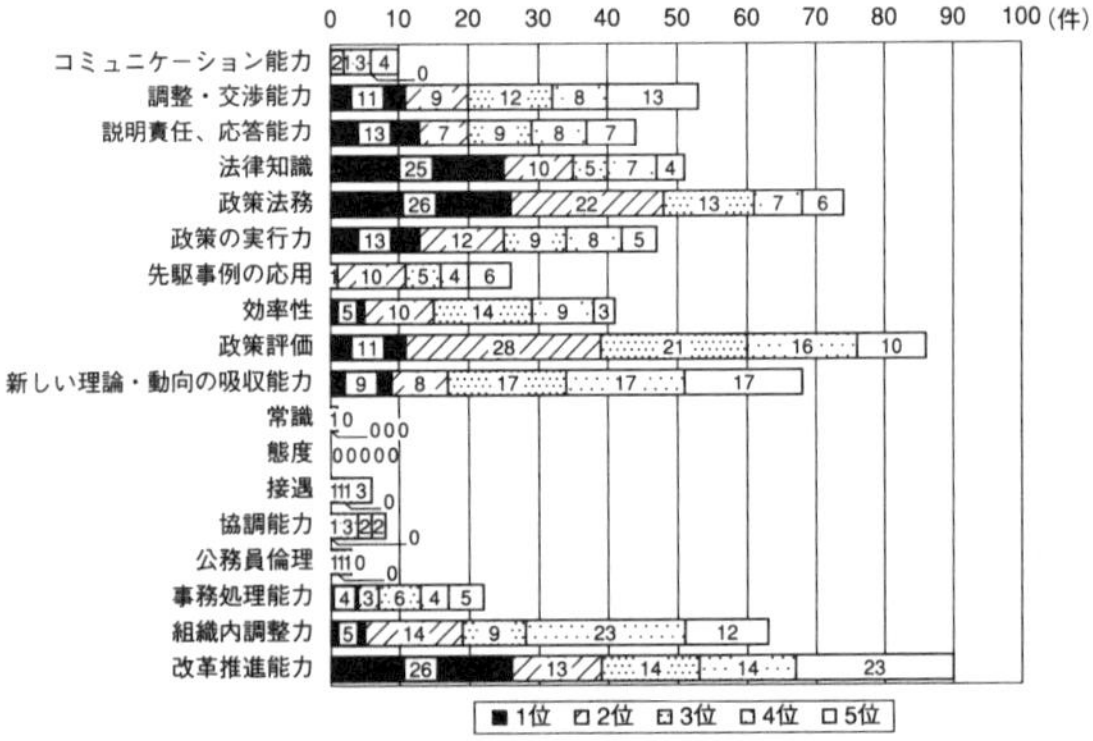

図7　これまで職員研修で重視し研修として提供してきた能力（四府県調査）

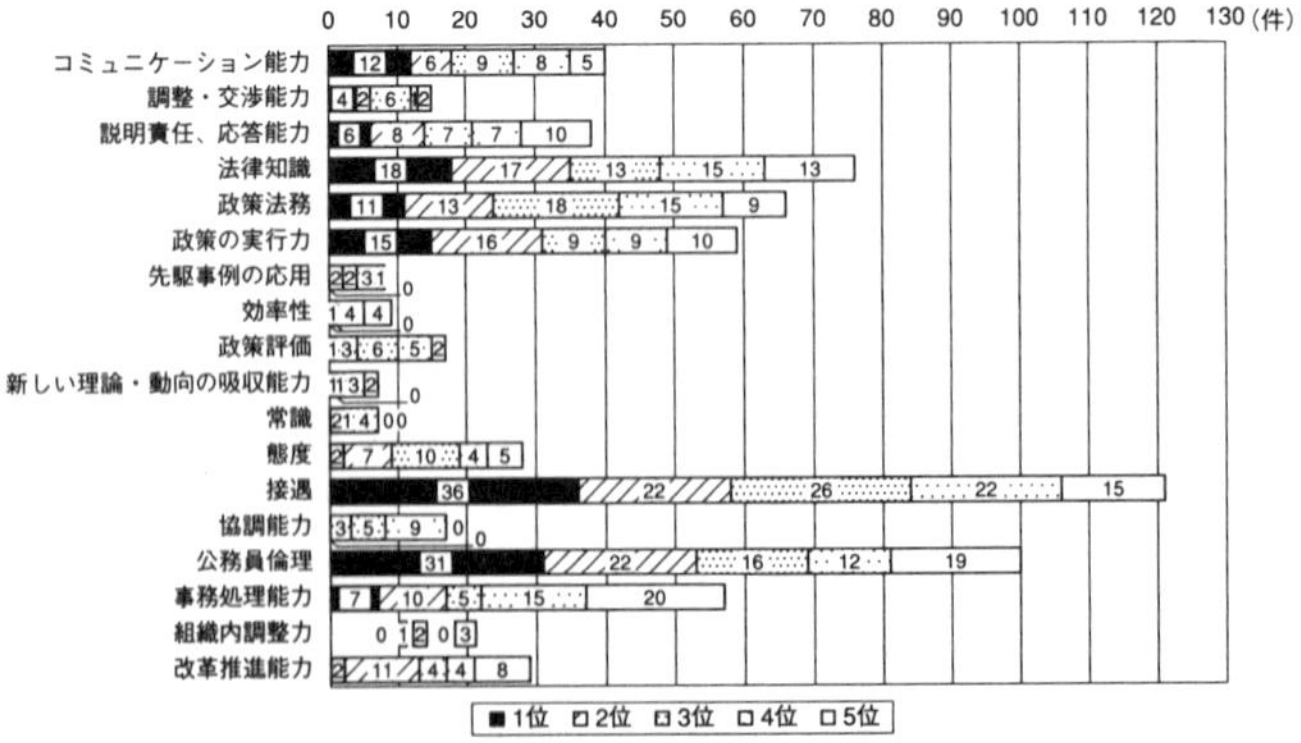

表3　四府県調査、自治体規模別でみた「今後必要となる能力」の選択

<table>
<tr><th rowspan="2">順位</th><th colspan="2">四府県</th><th colspan="2">市町村合同</th></tr>
<tr><th>職員全員</th><th>専門的</th><th>職員全員</th><th>専門的</th></tr>
<tr><td>1</td><td>説明責任、応答能力</td><td>改革推進能力</td><td>コミュニケーション能力</td><td>政策評価</td></tr>
<tr><td>2</td><td rowspan="2">コミュニケーション能力
政策評価</td><td rowspan="4">調整・交渉能力
説明責任、応答能力
新しい理論・動向の吸収能力
組織内調整力</td><td rowspan="3">説明責任、応答能力
政策法務
政策の実行力</td><td rowspan="4">コミュニケーション能力
説明責任、応答能力
法律知識
政策法務
政策の実行力
先駆事例の応用
効率性
新しい理論・動向の吸収能力
改革推進能力</td></tr>
<tr><td>3</td></tr>
<tr><td>4</td><td rowspan="2">調整・交渉能力
政策の実行力
効率性
政策評価
接遇
公務員倫理
改革推進能力</td></tr>
<tr><td>5</td><td>政策評価
組織内調整力</td></tr>
</table>

<table>
<tr><th rowspan="2">順位</th><th colspan="2">政令市</th><th colspan="2">20万人以上</th></tr>
<tr><th>職員全員</th><th>専門的</th><th>職員全員</th><th>専門的</th></tr>
<tr><td>1</td><td rowspan="2">コミュニケーション能力
公務員倫理</td><td>改革推進能力</td><td>説明責任、応答能力</td><td>改革推進能力</td></tr>
<tr><td>2</td><td rowspan="4">調整能力
政策法務
効率性
組織内調整力</td><td>政策の実行力</td><td rowspan="2">政策法務
政策評価</td></tr>
<tr><td>3</td><td rowspan="3">説明責任、応答能力
政策の実行力
効率性
政策評価
接遇</td><td rowspan="3">コミュニケーション能力
接遇
公務員倫理</td></tr>
<tr><td>4</td><td>新しい理論・動向の吸収能力</td></tr>
<tr><td>5</td><td>調整・交渉能力</td></tr>
</table>

<table>
<tr><th rowspan="2">順位</th><th colspan="2">一般市</th><th colspan="2">町村</th></tr>
<tr><th>職員全員</th><th>専門的</th><th>職員全員</th><th>専門的</th></tr>
<tr><td>1</td><td>説明責任、応答能力</td><td>政策評価</td><td>説明責任、応答能力</td><td>改革推進能力</td></tr>
<tr><td>2</td><td rowspan="2">コミュニケーション能力
接遇</td><td rowspan="2">政策法務
改革推進能力</td><td rowspan="2">接遇
政策法務</td><td>政策評価</td></tr>
<tr><td>3</td><td>政策法務</td></tr>
<tr><td>4</td><td>法律知識</td><td>新しい理論・動向の吸収能力</td><td rowspan="2">コミュニケーション能力
公務員倫理</td><td rowspan="2">法律知識
新しい理論・動向の吸収能力
組織内調整力</td></tr>
<tr><td>5</td><td>政策の実行力</td><td>組織内調整力</td></tr>
</table>

【めざす職員像】

職員研修で育成をめざす職員像について、自由記入欄（添付資料での代替も可とした）によって尋ねた。全国調査から目立ったキーワードを順不同でとりだすと、表4のようになる。

表現の違いはあるが、多くの自治体が「自治・分権」「参加・協働」といった理念を基礎に職員像を描いていた。ただし、高潔で高度な人格形成を目標として描きがちであったり、多数の能力を列挙しがちであったりするなどの傾向もみられた。

本来、この職員像をより具体化するための研修の目標として、研修基本方針があげられるが、この基本方針策定には一九九七年に自治省から出された「地方自治・新時代における人材育成基本方針策定指針」が影響していると思わ

表4　「育成を目指す職員像」で目立ったキーワード（全国調査、順不同）

市民の視点・目線・立場にたつ	市民ニーズへの対応、市民志向	協働、パートナーシップ
変化への対応	行動する、実行する	変革、挑戦、チャレンジ
専門性・プロフェッショナル	政策形成・立案・法務	創意工夫、創造力、想像力
地方分権・分権社会を支える	経営、コスト感覚	成果志向
信頼、責任感	職業倫理、公平・公正	自律、主体性、自己啓発
使命感、情熱、郷土愛	広い視野、先見性	豊かな人間性、感性

れる。基本方針は全国調査では全体の七割近くが策定済みと答えていたが、一九九九年以前の策定が四割（県では六割）であり、二〇〇〇年度をあわせると五割となる。二〇〇〇年以来の経験をふまえた、職員研修の「分権対応」が必要な時期に入りつつあるのではないだろうか。

●アンケートの概要（2）

体制と内容についての課題意識

『今後必要となる能力』と『これまで提供してきた能力』とで選択が異なることは、既存の制度や研修プログラムが変革を求められていることの意識のあらわれといえる。それでは、これらの課題は、具体的にはどのようにとらえられているのだろうか。

まず、『研修を企画する上で、企画・実施体制の課題を

図８　研修企画における課題：体制上の課題

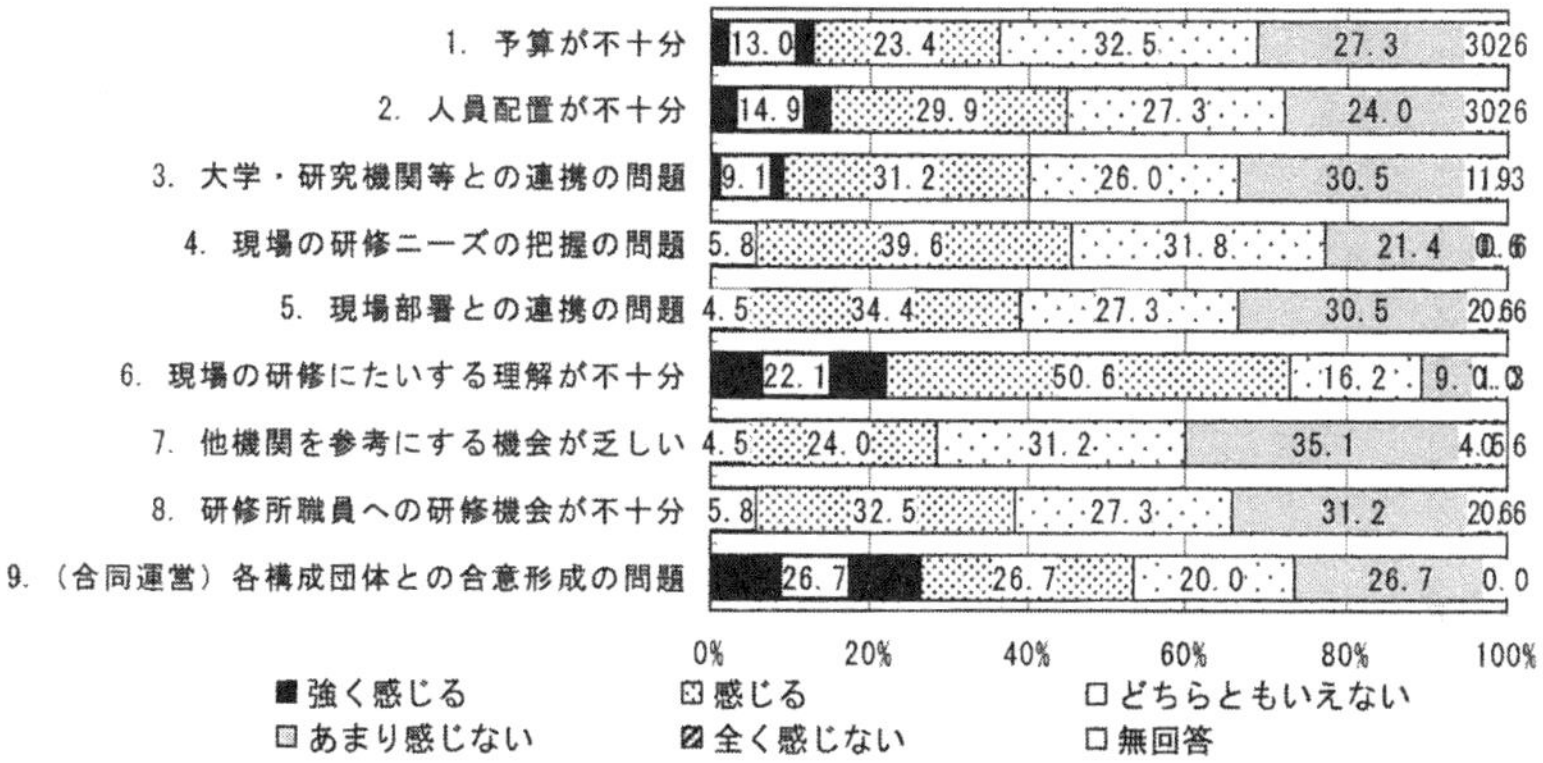

図9　「現場ニーズの把握・対応不足」感

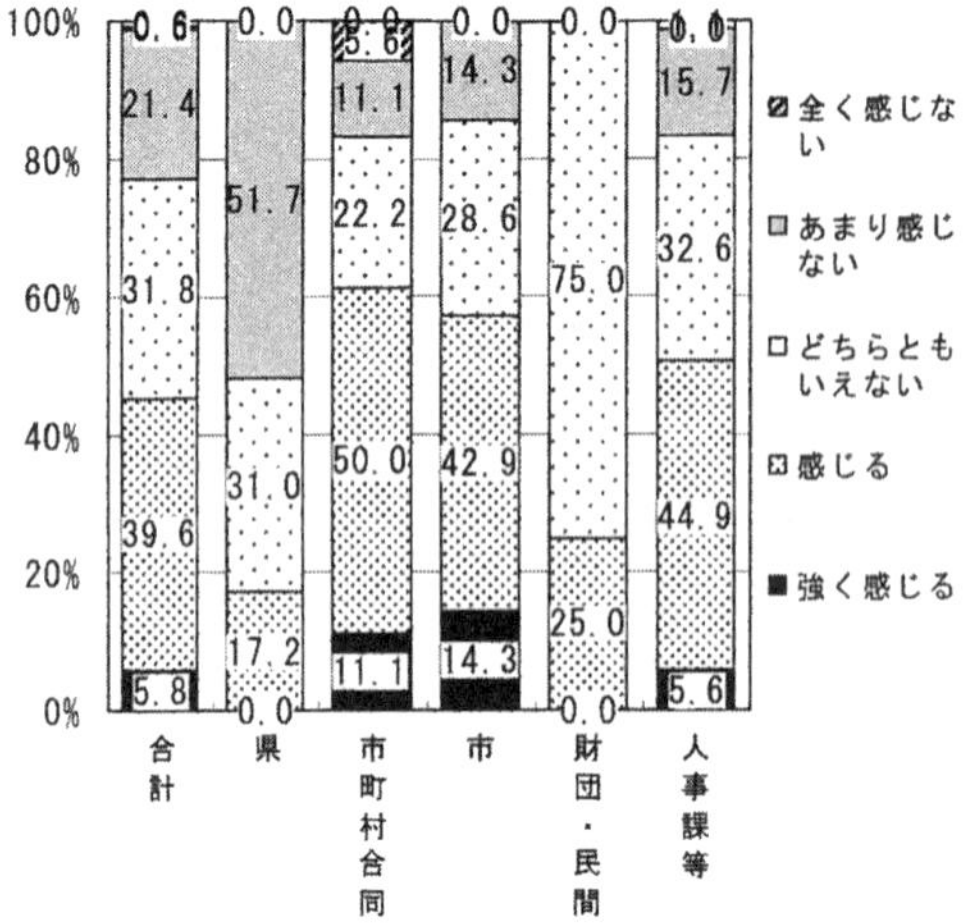

図10　「職務現場の研修への理解不足」感

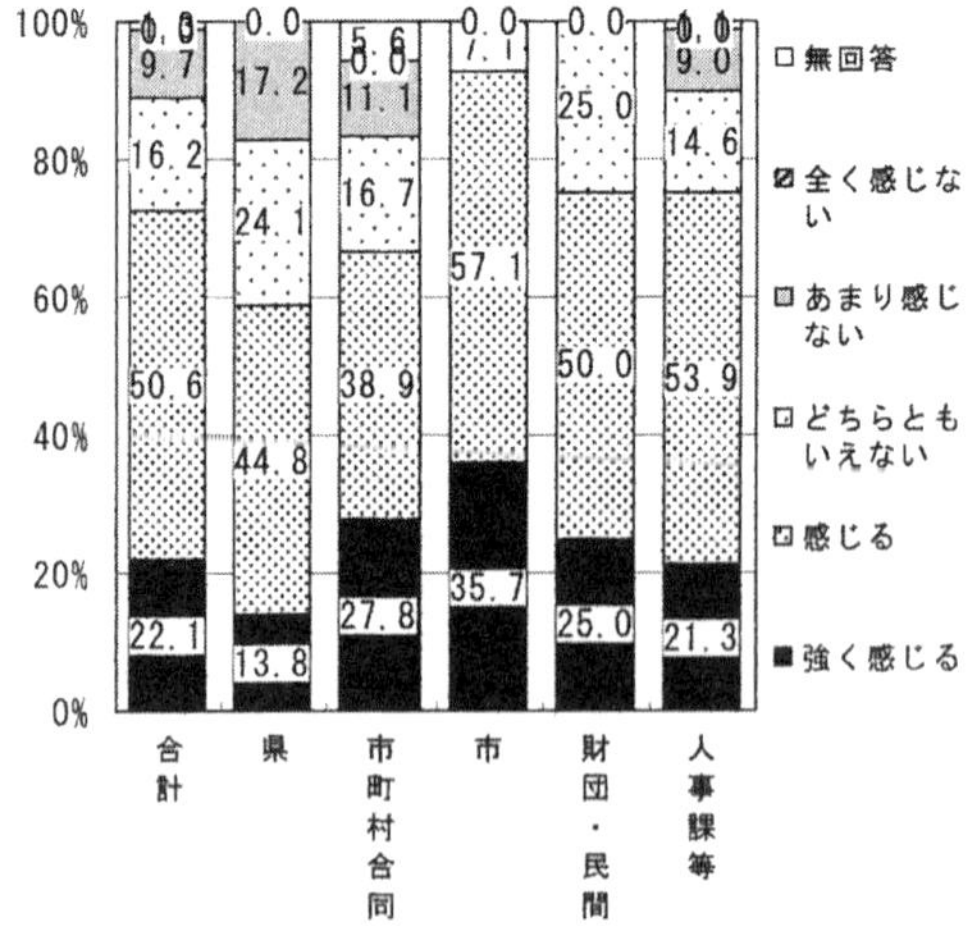

感じるか』を尋ねた。全国調査の結果を全体でみると、図8のとおり、「他の研修機関を参考にする機会が乏しい」をのぞき、いずれも〈強く感じる〉〈感じる〉が四割を超えている。とくに、研修機関・研修部局と実務職場との関係をたずねた項目について課題意識が強くみられることが目立つ。全体の七割をこえる機関が、「現場の研修ニーズ把握・対応の問題」、「現場の研修にたいする理解不足」を感じており、しかも〈強く感じる〉が高い。「現場部署との連携」も、〈強く感じる〉は少ないが、四割が課題ととらえ

ている。

　この回答を設置機関別でみたものが図9、10である。自治体人事課内の研修部局、母数は少ないが市町村合同設置機関と市単独設置機関で「現場ニーズの把握・対応が問題」「現場における研修に対する理解が不十分」とする意識が五〜六割と強く示されている。市町村合同設置機関、市単独設置機関は機関の規模や構成の特性から、実務職場とのつながりの不足がより強くとらえられているのだろう。

　また、「人員配置が不十分」「研修所職員への研修機会が不十分」など、研修を企画する人材にかんする問題意識も高く、人的体制に課題を感じていることが分かる。ただ、「企画・実施を支援する大学・研究機関等との連携不足」とする意識は、他にくらべて低いものであった。この回答について、自由回答欄では「東京

図11　研修企画における課題：内容面の課題

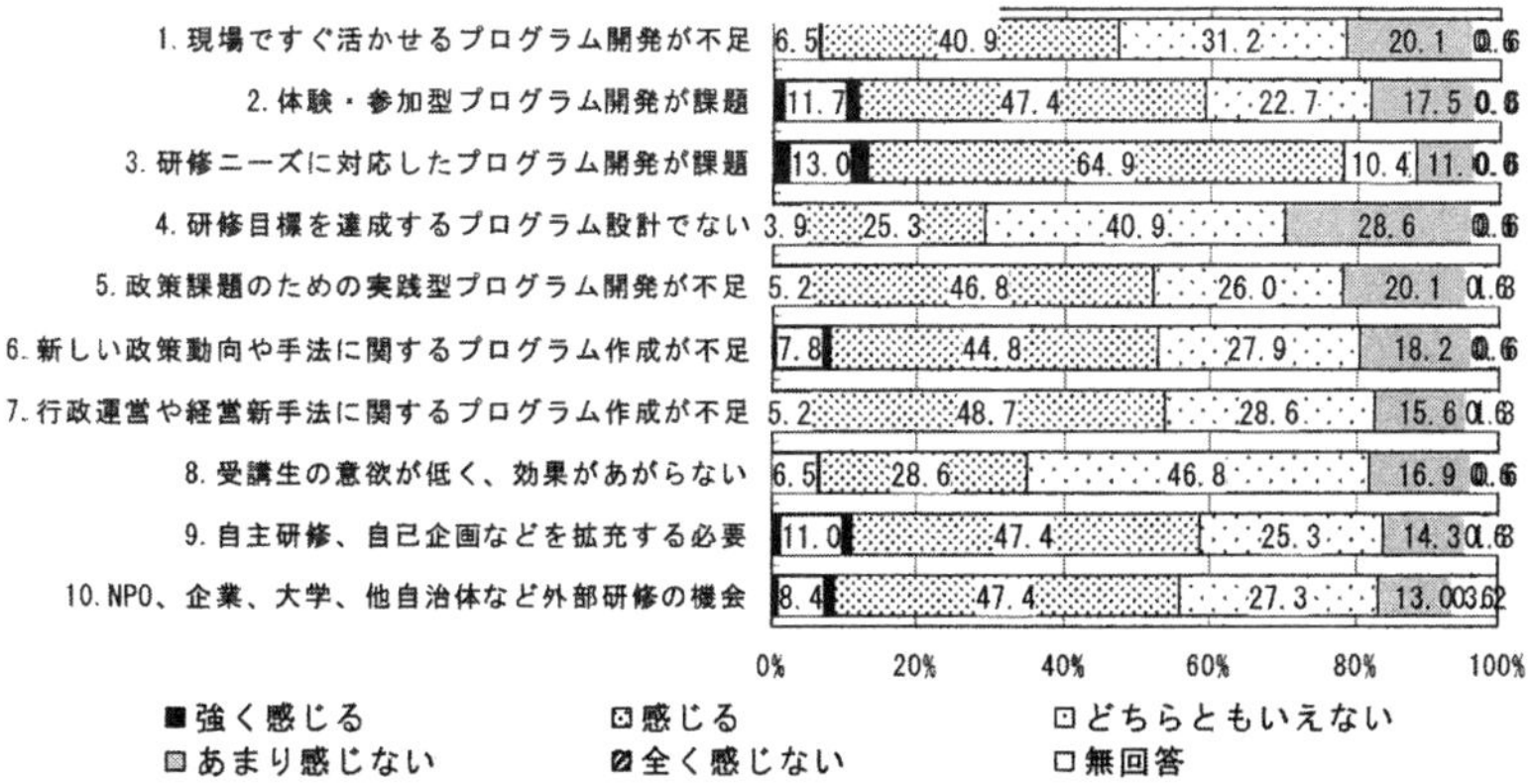

圏に位置しているため」困難を感じていないとする記述があったが、多くは外部機関や大学などとの連携の必要性そのものをあまり意識していないのではないだろうか。この点については3章以降であらためて指摘したい。

ついで、『企画する内容について課題を感じるか』を尋ねた結果が**図11**である。〈強く感じる〉は若干少なめだが、〈強く感じる〉〈感じる〉をあわせると、体制についての課題以上にひろく課題意識がもたれている様子がみえる。

図12　「ニーズに応じたプログラム開発が課題」感

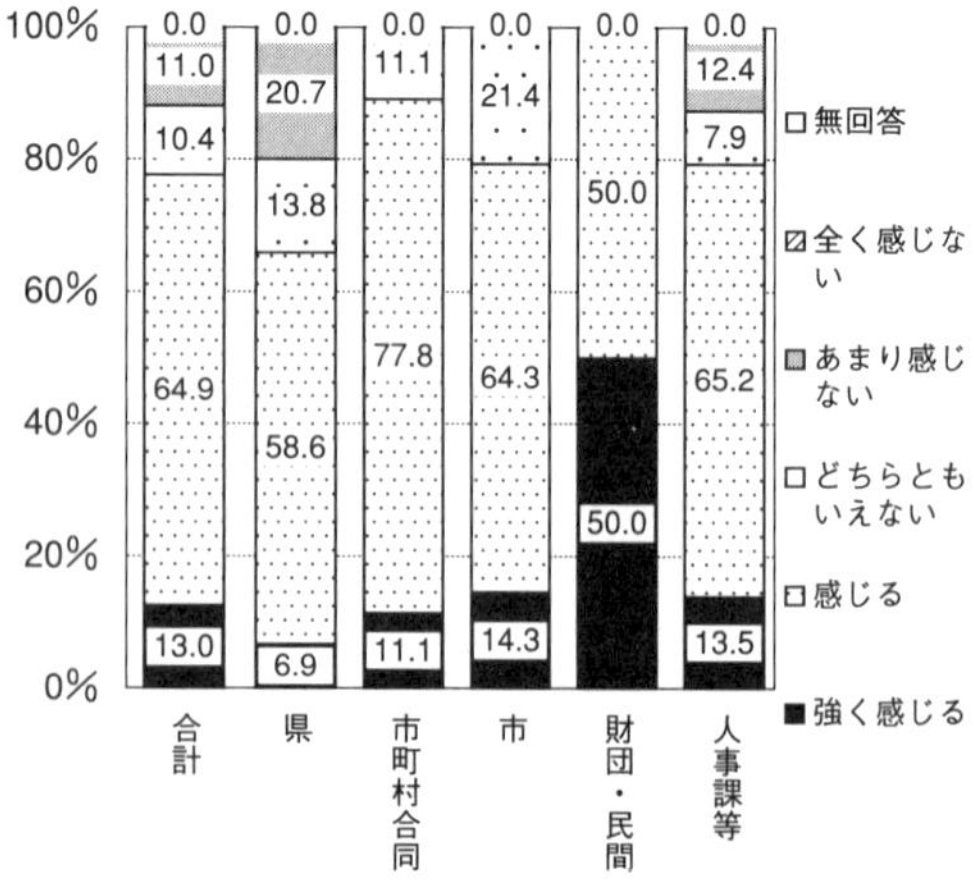

なかでも課題意識が高いのは、「研修ニーズに対応したプログラムの開発」の課題であり、母数は少ないものの市町村合同運営による研究所ではすべての研究機関が〈強く感じる〉〈感じる〉と回答している。つづいて、「体験・参加型プログラムの開発」、「自主研修・自己企画などの拡充」にたいする課題意識が強い。政策、組織運営など自治体の新しい課題にかかわるプログラム開発や、現場で役に立つ・実践的・参加型プログラム手

法の導入や開発についての要求といえる。

課題意識が低かったものとしては、「研修目標を達成するプログラム設計でない」「受験生の意識が低く、効果があがらない」がある。この二項目はともに〈どちらともいえない〉と回答する割合が高い。自由回答欄では、研修の効果測定について、その必要性や模索、試行の状況などについての記述が多くみられた。研修についての効果測定が十分でなく、手法も模索の段階であるという現状が、この回答に影響していると思われる。効果測定には限界もあるが、まず手法の開発や導入そのものが要請される状況にある。

【新規採用職員研修】

さらに、新規採用職員研修についても課題と感じる点を尋ねた。回答は表5のとおりである。期間や内容について、また、「職場研修と講義型研修との連携が不十分」とする回答も多かった。逆に「課題はない」とする回答も多かったが、この設問の自由回答欄には、新採研修の企画の悩みを示す多くの記述があった。まず指摘できるのは、新採職員の多様化である。社会人としてもゼロからスタートする新規採用職員の一斉悉皆研修は職員研修の一つの典型であったが、社会人採用など採用状況の変化がこの典型の前提を崩している。採用者のキャリアや能力の多様化、採用人数の減少、即戦力を期待する現場の圧力なども指摘されていた。こうした変動は、従来型の研修にどのような変革をうながしているのだろうか。

【変革の意識と実態】

図13は、『体制の課題』『内容の課題』にたいして、『どのようなとりくみをしているか』を尋ねた設問の結果である。なお、この設問には「その他のとりくみ」という自由回答欄があり、また別の設問では『人材育成にあたって行っている特色あるとりくみ』を自由回答で尋ねている。紙幅の制限があるが、できるだけふれていきたい。

まず、「自主研修など独自の取り組みを支援」しているとする回答が突出しており、自由意見欄からも、従来の講義型一般研修から公募による自主研修や参加型

表5　新規採用職員研修の課題

		合計		県		市町村合同		市		財団・民間		人事課等	
		件	%	件	%	件	%	件	%	件	%	件	%
1	研修の負担が大きい	7	4.5	1	3.4	0	0.0	1	7.1	0	0.0	5	5.6
2	研修期間では不十分である	36	23.4	7	24.1	3	16.7	4	28.6	1	25.0	21	23.6
3	効果的なプログラムとなっていない	47	30.5	5	17.2	4	22.2	6	42.9	1	25.0	31	34.8
4	職場研修と講義型研修との連携が不十分	28	18.2	5	17.2	2	11.1	5	35.7	0	0.0	16	18.0
5	受講生の目的意識が低い	9	5.8	3	10.3	2	11.1	0	0.0	0	0.0	4	4.5
6	特に課題があるとは認識していない	27	17.5	9	31.0	4	22.2	2	14.3	0	0.0	12	13.5
7	その他	33	21.4	6	20.7	8	44.4	2	14.3	0	0.0	17	19.1
	無回答	16	10.4	1	3.4	1	5.6	0	0.0	3	75.0	11	12.4
	計	154	100.0	29	100.0	18	100.0	14	100.0	4	100.0	89	100.0

研修に移行しようとする動きが多くみられた。この点については、参加者の自発性が研修の効果を高めることを狙っていると理解できる。ただ、こうした研修制度が活用される職場環境にあるか、また研修企画そのものを本人の「自助努力」に丸投げしているのではないか、疑問も残る。「民間の研修プログラムを実施」しているのは接遇、ＩＴ、事務事業評価手法といった分野が多いようだが、一部の機関ではＮＰＯや地元企業、他自治体への派遣研修プログラムを持っているところもあった。

「参加者の意欲に期待する」動きは目立つが、他方、研修内容や体制の改革は難しいようだ。『人材育成にあたって行っている特色あるとりくみ』を尋ねた自由回答欄では、庁内

図13　課題にたいするとりくみ

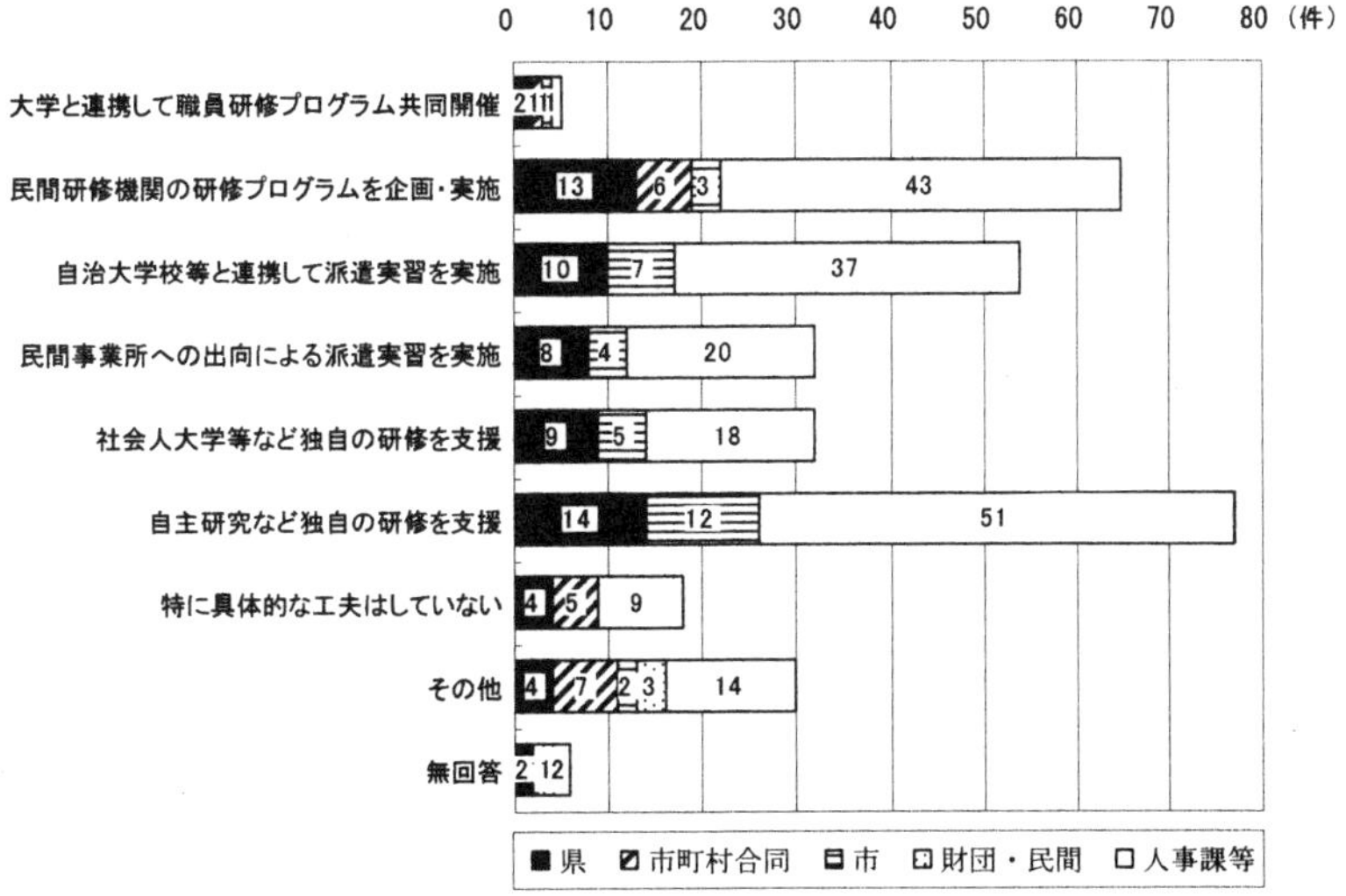

で横断ワーキングチームをつくって人事制度と連携した改革を行っているとの回答もあったが、このような例は残念ながら非常に少数とみられる。『体制の課題』や『課題にたいするとりくみ』の回答からは、実務職場や大学・研究機関などとの連携が薄いことが目につく。大学院や自治大学校への派遣はみられるが、研修機関の持つプログラムや体制の改革につながるような連携ではない。別の設問では、研修の基本方針や基本計画の策定は、研修部局内部で一～四人の少人数によって行われている状況が一般的であることがわかっている。厳しい財政事情を背景に研修の改革は担当者の「孤独なたたかい」になりがちなのではないか。「参加者の意欲に期待する」企画は、それなりに効果もあり「たたかう」必要もなく、改革に悩みながらとりくめない機関の、いわば良心のあらわれとなっている面もあるのではないか。では、どうしたら改革に進めるのか。

3　自治体職員研修の課題　～アンケートを読み解く

●研修ニーズの変化と研修の「孤立」

アンケートからは、まず、研修担当者が考える「今後自治体職員に必要とされる能力」が、「これまで研修で重点を置いていた能力」と異なっていることがあきらかに示された。参加・協働、政策形成にかかわる能力のニーズが高くとらえられていることは、まさに、1章でのべた自治体の機能の変化が、研修ニーズの変化につながっていることを反映している。

しかし、一方で、研修機関の改革が困難を抱えていることも確認できた。アンケートからまず指摘できることは、研修体制、また研修内容における連携の不足である。

まず、体制の連携の課題として、ふたつあげられる。
（A）内部つまり現場となる実務職場と研修部局との連携、
（B）外部つまり研修機関外の機関との連携
である。
（A）については、実務職場や人事部局と研修部局との距離として、自治体のなかの研修部局においても合同設置機関の研修企画担当者にも課題として強く感じられていた。研修ニーズの把握や効果の検証のためにも、後述する人事戦略としての研修制度改革のためにも、この連携は重要である。
ついで、（B）他研修機関との連携である。研修の手法は、本来、他研修機関とも共有できる。しかし、わずかに近隣自治体と合同研修を開催しているとの例があった以外は、共有や連携はほとんどなされていないようだ。アンケートでは先駆機関を掘り起こしたいと考え、「研修担当者が参考にしている他の機関」を尋ねてみた。だがほとんど回答がなく、逆に質問が寄せられるほどだった。自治大学校も職員派遣先として以上には存在感が示されなかった。市町村の職員研修を受け入れている合同研修所や県研修所では連絡協議会を設置する例があったが、自らや派遣元の研修内容また体制の改革には踏み込めていないようだ。四府県悉皆調査での中小規模自治体によ

滋賀県市町村職員研修センター内部講師の現場から

草津市企画部次長兼立命館駐在事務所長　林田　久充

滋賀県市町村職員現任職員〔二部・勤務８～９年〕の研修講師〔政策形成過程と技法〕として、受講生の前に立ちながら、研修技法はもちろんだが、内部講師の私としては、「公務員の先輩」として何が伝えられるだろうと考えてしまう。研修のみで「意識改革」が図れるとは思わないが、研修の場の「小さな気づき」から目覚め、「地域人材」として、大きく育っていくよう日々の体験の後押しができないかと思う。

今、政策形成にかかる内部講師は、約80名〔研修センター主催の講師養成講座修了者〕いるが、年間10名の講師がなかなか確保できないでいるとのことである。原因のひとつは、自らの仕事が忙しいこと。ふたつ目には、民間によるプログラムを活用しているが、実際の現場における進め方や市民参加手法や評価制度の導入など行政風土の違いから、必ずしもそれぞれの講師自身が納得していない部分がありそうなこと。さらに、政策に関する課題発見から評価までの指導は、論理的であるのはもちろんだが、一方で幅広い経験と情報が必要であること等から断られているようだ。

特に、ふたつ目の課題を整理するため、講師たちが、何を伝えるのかをより明確にし、受講生にとっても講師にとってもわかりやすいプログラムとなるよう見直しを始めた。見直しを始めるとプログラム内容もさることながら、各市町の求める公務員像、さらには各研修の体系的なつながりと研修センターと各市町の役割、研修等のフォローと実施体制等々多くの課題が気になってくる。

しかし、ここでも、合同研修所機能の弱点が浮き彫りになる。寄り合い所帯の目線をどこに合わせ、誰がリーダーシップを取り、誰が改革するのかという点である。事務局の努力だけでは、超えられない壁もある。

そうした中、来年度から始まる、「滋賀県市町村職員研修センター市町村職員研修実施計画」の見直しを、従来の研修担当者のみでなく、内部講師さらには大学関係者等と双方向に、鍛えあい、理論と実践を併せ持つ場として、あらたな仕組みづくりも必要ではないかという考えが出始めている。私は、今日までも、十分とは言えない人材育成という視点が、財源不足や現場の理解不足などの理由で弱まるのでなく、効果的で継続的な仕組みとなるよう、その議論の広がりに期待している。

る回答でも、派遣先となる合同研修所や県研修所に研修内容を任せている以上の連携協力はみられなかった。また、民間団体、大学や研究機関などとの連携はさらに薄く、ＩＴや事務事業評価といった特定の分野での派遣や、研究者を外部講師として招く程度であった。研修手法の開発や共同実施など、外部機関との連携協力が効果あることも多いと思われる。しかし、この点にかんしては、課題としてもあまり認識されていなかった（二一頁、図8）。

こうした連携の欠落からは、自治体の役割と機能の変化に応える人材を育成するための研修機関が、研修という事業を抱えて「孤立」しているかのようにみえる。職員研修改革にとりくもうとする機関や担当者は、先駆例や実務職場など他部局、他機関との連携協力もなく模索しているという状況が日本の自治体に広がっているのではないか。研修機関のこのような「孤立」は、なによりもさけなければならない。たとえば、人材育成にかかる基本方針や計画策定、実施にあたっては、他部局あるいは他自治体との連携を活用できるはずである。とくに、自治体の内部ではわが自治体の人材活用や人事戦略として、政策・企画関連部局をまきこんだ研修の再構築が必要ではないか。こうした連携による、研修にたいする視角や認識の変化も期待したい。また、市町村合同研修所や県設置機関には、受講生の受け入れだけでなく関連自治体の研修改革の支援が可能であろうし、大学や研修機関など外部機関との連携もありえるだろう。この外部機関との連携については章をあらためてふれたい。

●人事戦略としての職員研修

前項で体制の連携が課題であることにふれたが、研修内容についても同様の課題を指摘できる。研修制度における、

(C) 自治体全体の人事戦略のなかに職員研修を位置づけ、機能させること

(D) 育成したい能力（目的）と実施プログラム（手段）とが連動していること

という連携の課題である。

まず、(C) 研修の理念や方針、研修計画を、人事戦略の一環として再構築することの重要性からみていきたい。

現在の人材育成基本方針・基本計画では、理想的な人物像や総花的な能力の列挙にとどまることが多く、自治体変革の要請に応える人材育成のプランとして十分に具体性をあるものになっていない。どういう人材が必要とされているか、部局によって、職階によって、どういう人材配置が望ましいか、自治体の戦略として具体像を構想することが期待される。そのなかで、職員に必

要とされる能力、育成すべき能力をとらえることが可能となるだろう。そのためには、人事課あるいは研修機関内部による検討だけでなく、体制の連携でも触れたように、人事戦略をめぐる議論が自治体全体でなされることが望ましい。アンケートの回答では、人材育成方針・計画とも、研修部局内部の少数の担当者が行うケースがほとんどであった。部局によって「どんな人材が必要か」は異なる。政策形成の核となる部局の参加は必須だろう。内容における連携のために、あるいは内容における連携を契機に、体制の連携が進むことも期待できる。

研修に参加する側、職員自身によるキャリアデザインをうながす工夫も、効果向上に有効ではないか。中長期でみれば、団塊世代が大量退職した後の人事構成の再構築が視野に入ってくる。人事戦略とそれにもとづいた人材育成の重要性はますます大きくなるだろう。

合同研修機関では派遣元自治体との連絡協議会をおくところもある。研修を実施するだけでなく、さらに踏み込んで、派遣元自治体の人事戦略の設計や実施を支援する役割を果たすことも期待される。アンケートから得られた問題意識からは踏み出した提案になるが、研究機関や大学との連携もありうるだろう。

現状の研修ニーズのくみあげにも困難を感じていることがアンケートでは示されていたが、改革が進んだとしても、研修改革としての視点にのみとどまっていては、ニーズを後追いする対処

市民協働社会の実現に向けたとりくみ

熊本市経済振興局局次長　西田俊之

多くの市民の期待のもと、若き幸山市長を迎え、熊本市は着実に変わりつつある。幸山市政は、市政運営の基本姿勢として「市民協働で築く自主自立のまちづくり」を掲げており、これを実現するためには「積極的な情報公開による情報の共有化と丁寧な説明責任を果たすことにより、透明性の高い市域を実現し、市民と行政との相互信頼関係を構築することが必要である。」「政策の立案から実施に至る一連の過程に市民参画の場面を整えることが必要であり、そのためのパブリックコメント制度の導入や公募による市民委員の参加を進める。」そして「市民と行政とが互いの認識や目的を共有するとともに、これらの市民協働を支えるルールを整えるための自治基本条例を制定する。」の３点を確実に推進していかねばならないとしている。

一方、これらに実際に取り組んでいくのは「人」であり、そのためには行政と市民の双方における人材の育成が大前提となると捉え、まず、行政職員に対しては既にコミュニケーション理論を学ぶためのパブリックインボルブメント研修等に取り組む一方で、2004年度中には、今後の職員育成のための基本構想としての「人材育成基本方針」を策定し、更にそれを具体化する職員研修システムプランづくりに取り組むこととしている。なお、このプランづくりに当たっては全国の先進事例を検証しつつ、大学等における研究成果も実践していきたいと考えている。

また一方、ＮＰＯ等の市民団体に対しては、これらの団体と直接対話をして得た意見をもとに、2005年度には「ＮＰＯ等との協働指針」を策定するとともに、団体自らがそれぞれの特性を十分に発揮しつつ、行政と対等で自立したパートナー関係に立てるよう、団体側における人材育成についても支援していきたいと考えているが、この分野における行政側の取組みが全国的にも僅少であること、支援の効果測定が難しいこと等もあり、来だ具体的な支援策が描ききれない状況にある。

療法にしかならない。たとえば、政策展開のために必要な資源をどう確保するか、どう運営するかという政策財務の能力の重要性が今後ますますあきらかになってくるだろう。しかし、このニーズが起こるのをまっていては、研修手法の開発や実施にはさらに時間がかかることになる。「わが自治体の職員」にどんな能力が必要で、どうしたらそれがよりよく発揮されるという人事戦略の設計が必要なゆえんである。

このように、人材育成の基本方針・計画の策定は、人事戦略の一環となることが期待される。一部の機関ではこうした動向も見られるが、現状では、戦略性をあいまいにしたまま理想の人間像や膨大な能力の列挙にとどまっている機関が一般的であるようだ。四府県悉皆調査では、一〇近い自治体の基本方針がほぼ同じ文面だったが、県民局の文書をそのままひな形にした結果といわれている。自治体職員に必要な能力に共通項はもちろんあるが、「わが自治体」の現状をふまえた独自の戦略が基本にあるべきではないだろうか。ただし、職員研修をとりまく難しい環境の中で、分権の潮流の中にある人材育成の重要性が幅広く触れられていることや、「自治・分権」「参加・協働」に応える職員像が描かれていることは評価できる。

それぞれの自治体における人事戦略をベースとした実効性ある人材育成の方針、それを可能とする計画、それを効果的に実施するプログラムの実施という連関が図られることを期待したい。

伸ばすべき能力が明確に示されれば、それを可能にするプログラムの体系化と、効果あるプログラムの開発が課題となるだろう。

●「効果的なプログラム」は可能か

ついで、(D)育成したい能力と実施されるプログラムとの連携、プログラムの体系化にかかわる課題についてふれたい。

研修プログラムの動向として、アンケートからは職階などによる講義型の悉皆研修から、自主応募による公募研修や自主研修に重点を移すとした回答がみられた。

公募研修、自己企画、自己啓発を重視したいとする声は高い。参加意欲が高まることが期待できるし、したがってその効果も高くなることが見込まれる。研修プログラムの内容に課題を感じている機関は多く、研修者自身の提案による効果の高い研修として期待されているのだろう。研修者自身の選択による「カフェテリア方式」研修構成を行っているとする機関もある。

こうした動きは、研修者の意欲を基礎に効果ある研修のためのとりくみとして評価できると同時に、いくつかの問題点も指摘できる。何よりもまず、

（1）自由な意志によって応募できる環境にあるか。

職場の理解が得られにくい環境にあれば、公募制そのものが意味をなさなくなってしまうこともある。有能で頼りにされるために忙しい職員が、さらに公募研修に応募するには、本人の意思だけでなく周囲のサポートが必要になる。また、

（2）研修者の選択が偏ったり不規則なものになったりせず、能力開発としての選択が適切な時期や構成になっているか。

一斉研修から公募研修に重心を移す場合は、とくにこの点の配慮やシカケが必要だろう。職員が、自分にはどんな能力開発が必要で、どんなプログラムがそれを可能にするか理解し選択することを可能にすることが必要である。この点からも、目標とプログラムのあいだに体系性がある研修制度を構築することは重要である。能力育成の全体像を、研修する側とされる側が理解するための体系性が求められるといえる。

議論やプレゼンテーションの活用による参加型プログラムも、多くのとりくみがみられた。

一定の条件を満たす職員全員を対象に行う一斉研修は、新規採用職員研修についての設問でもみられたように、課題視されている。採用形態の多様化は「社会人としての一斉のゼロからのスタート」を前提にした研修の意義を薄めつつあり、少数化は「即戦力」としての早期現場配置を

自治体職員による手作りの研修「土曜講座」

元北海道町村会常務理事・北海学園大学講師　川村喜芳

地方自治土曜講座は自治体職員による手作りの研修である。2002年度から土曜講座の事務局は自治体学会のボランティア組織に移り、札幌のＮＰＯサポートセンターに事務所を置いて自治体職員が自主企画、自主運営の土曜講座を続けている。講座の企画から講師との連絡、調整、切符、ホテルの手配、受講申込みの受付、資料の印刷、会場の設営など、多忙な仕事の傍ら私生活を犠牲にして汗を流しているスタッフの皆さんを見ると頭が下がる思いだ。講座のテーマと講師の選定は、受講者からのアンケートをもとに実行委員とスタッフの合同会議で議論を重ねた上で決める。公務研修所では居眠りをする研修生も、土曜講座の講義には目を輝かせるのは、自分達の学びたいことを、自分達が選んだ講師から聴く研修となっているためだろう。

土曜講座は市民と自治体職員がともに学ぶ研修である。議員や市民活動家など非公務員が受講者の２割以上を占める土曜講座には、公務研修所の官製研修にはない緊張感がある。公務員の意識改革は研修所で教えてどうなるというものではない。市民との交流を通して職員自らが自覚し自己改革する以外にない。自治体職員と市民とが一緒に公共政策を学び議論する土曜講座は公務員の意識改革を進める上で有効な研修となっている。

土曜講座には文字で伝え切れない何かがある。会場に溢れる熱気である。数年前「土曜講座を初めて受講し、ブックレットで読むのと直接話を聞くのではぜんぜん違い感激しました」という感想を寄せた受講者がいたが、自治体改革という同じ志を持つ者が北海道の各地から集まり、触れ合う中から生まれる熱気なのだろう。

これまで土曜講座に参加した人の数は地域版も含めると自治体職員の１割に達しようとしている。10年前、土曜講座的な話をする人は役場の中で異端者扱いをされたというが、いまは役場の中で日常的に土曜講座的な話題が出るようになり、「役場文化」を変えつつあると聞く。スタッフや資金の確保など課題は多いが、自治体職員の熱意に支えられながら、これからも何とか「土曜講座」を続けていきたいと考えている。

要請することになる。講義が訓示程度の効果にとどまるものであれば、悉皆研修はまさに通過儀礼となってしまい、時間からみてもコストからみても否定的にとらえられるであろう。職階ごとの一斉研修も、キャリアや能力の多様化から同様の課題につながっている。

一斉研修の代表的手法である講義型研修から自発性を基礎とする公募研修へ比重を移そうとする動きがあることはすでにふれたが、この動きは今後拡大していくと推察される。しかし「あるタイミングで、ある条件を満たすもの全員に、一定期間をかけて」行われる一斉研修も、やはりなお戦略的に活用する余地があるように思われる。講義型プログラムと参加型プログラムとの組み合わせによる改善の余地があり、効果の向上が期待できる部分もあるのではないだろうか。公募研修にたいする意欲や効果をささえる自発性そのものの高揚をはかる機会としても活用できるし、またそうした回答もみられた。研修者どうしの議論や共通認識の醸成、連携の強化がはかられ、本来、講義型プログラムはスケールメリットもある。大規模自治体ではもちろん、「同期」が少数やゼロになりがちな中小規模自治体にとっては、合同設置機関や共同開催の活用は、受講者間のネットワークづくりにも役立つ。その際、前述したように講義型プログラムと参加型プログラムとの連携によって、研修全体の効果を高める工夫がなされることが期待される。

こうしたプログラムの効果向上を考えると、研修内容をつうじて、「育成方針や理念―育成計画ープログラム」という体系化のとりくみ、人事戦略としての位置づけやそれを可能とする体制の連携が必要になってくることを改めて指摘しておきたい。

●財政難と研修観　～「教育より修行」？

自治体職員にあたらしい能力が求められる一方で、研修機関と研修制度をとりまく環境は、厳しいものとなっている。

財政危機のなか、研修は削減されがちな「事業」となっている。定番化していた市民サービスも廃止が検討され、高度成長期以来のバブル期にいたるまでのハコモノ建築が巨額の負債となり、二〇一〇年度前後には、多くの自治体は「退職金破綻」の危機にある。行政改革という名のもとでおこなわれる事業削減では、目に見える業績となりにくい職員研修は、「不況下の市民の理解が得られない」として削減されやすい存在となっているようだ。

また、財政難から新規採用は押さえられている。しかし介護保険制度や分権対応など自治体の機能の変化、「参加・協働」をすすめようとする動き、あるいは市町村合併の検討など、業務は増大していると思われる。「若手が不足し、研修で育成している余裕がない」、「優秀な人材ほど頼りにされ現場を離れられない」、といった声が多く聞かれた。

このような状況に拍車をかけているのが、「研修は役にたたない」とする研修観なのではないか。職員研修に限らず日本の職業的能力開発はそもそも「教育より修行」であった、とするといいすぎかもしれないが、アンケートで示されたＯＪＴへの高い期待は、この感覚と研修への期待の低さ、さらに財政状況があいまってあらわれているのではないか。

アンケートが示す自治体職員研修の現状からは、研修の教育効果が重視され、教育プログラムの効果向上に労力が払われてきたようにはみえない。あまり役に立たない研修を通過儀礼としてこなし、あとは本人の向上心にまかせ、現場で体に覚えさせるというのが研修にたいする現在の一般的な認識なのではないか。四府県悉皆調査では『研修内容の課題』の自由回答には、研修担当者からも「〔研修の〕内容は二の次だと思います」とする声が記されていた。

もちろん、実務が職員を大きく育てることは間違いない。しかし、その効果をさらにあげるために、研修は機能できるはずである。体制連携の課題でもふれたが、求められるべきは「教育」と「修行」の連動、研修と実務職場の連動のとりくみである。この連動がなければＯＪＴも、「訓練」の名のもとに能力育成を「自助努力」に丸投げするだけのものになりかねない。現場との連携不足やＯＪＴの困難さにふれている回答の多いことが示すように、現在、そうした連動は十分では

激動の時代の職員研修　～ニセコ町の現在をつくったもの

ニセコ町長　逢坂誠二

「職員研修費が多過ぎる」
「研修の効果はいつになったら出るのか」
「そんなに職員研修が必要なら、研修をする必要のない職員を採用すべきだ」

1995年度一般会計予算を議論するニセコ町議会での質疑のひとコマだ。

町長就任後初の予算案で、私は職員研修費を従前の３倍に増加させた。「これは目立ちすぎる。議会で問題になる」との懸念が寄せられた。案の定、議会で激しく指摘された。

床屋、豆腐屋、医者、大工など、世の中にはたくさんの職業がある。これらを生業とするためには、事前に相当なトレーニングが必要だ。クシもハサミも使えないものが、床屋として一気にひとり立ちはできない。これは当たり前のことだ。

諸外国では、自治体職員になるため、採用前に相当のトレーニングを受けている例が多い。日本では、その場面がほぼ皆無だ。選別のための試験と簡単な研修を経ただけで第一線の実務に就くのが実態だ。ハサミの使い方を知らずに客の頭を刈っているのが自治体職員だ。客に接する前に十分な訓練を積むことが必要だが、現在の日本では、その制度は確立されていない。従って、採用後に相当なトレーニングの場を準備する必要がある。ニセコ町では、議会の皆さんにも、こうした考えを理解いただき、1995以来、職員研修に力点を置くことができた。

ニセコ町の研修は、座学、交流、実践、この３つの柱で成り立っている。

座学とは、公務員として基礎的な知識を習得するためのもの。交流は、日ごろの自分たちの価値とは異質なものと触れ合い、多様な視点、柔軟性を養うもの。実践は、コミュニケーション能力など、具体的体験がなければ身につかない力を養うもの。

研修の成果は一朝一夕に出ない。しかし、トレーニングを始めなければ一歩の前進もない。この10年近く、ニセコ町で職員研修に力を注いでいなかったら、この激動の時代にどんな現状になっていたか。それを思うと背筋の凍る思いだ。自治体職員の研修制度は、ドラスティックな変化が必要だ。

ない。その背景には、「教育より修行」「研修は役に立たない」という研修観が、研修を企画する側にも受ける側にもあるようにうかがえる。

こうした研修観を変えうるのは「効果ある研修」の実施と認知につきるのだが、研修はいま、「財政難や人手不足が研修を圧迫し、能力開発や人材育成に十分にとりくめず、研修にたいする評価が軽くなる」、という悪循環のなかにある。そこから抜け出すためには、人材の開発と活用という人事戦略の視点から研修の役割を再定義し、多様な連携を活用する改革が求められてくるのではないだろうか。

●小規模自治体の職員研修

小規模自治体では、研修をとりまく状況はさらに厳しい。四府県悉皆調査では、多くの設問で町村における研修そのものが困難な状況にあることが認められた。採用がある年度でも少人数となるため、府県設置研修所、市町村合同研修所に派遣しての研修が多く、そのためか問題意識も低めに出る傾向がある。『体制の課題』の設問では、研修はできない、していないとする回答もみられた。人事配置や予算においても、非常に厳しい状況にあることがみえる。

しかし、小規模自治体だからこその可能性もある。顔の見える人材育成や人事が可能であり、職務現場と研修部局との距離も近い。自治体内部での体制の連携という点では、効果を発揮しやすいのである。また、『今後必要となる能力』の選択でも示されたように（一七頁、図5、6）、小規模自治体だからこそ、政策形成にかかわる能力をひろく職員が得られるしくみづくりにとりくむこと、貴重な人材のどんな能力をどのように開発するかについての戦略が重要であろう。

小規模自治体の研修は困難な状況を確認する結果となったが、そのなかでも、政策形成研修などに積極的にあたっている機関もある。四府県悉皆調査における人口二〇万未満の市では、研修について高い課題意識が示されていた。近隣自治体との連携、合同設置機関や大学、研究機関との連携強化など、自治体の外部にある資源を最大限に活用して、自治体の特性に応じた人材育成をはかることが期待される。この文脈でも、合同設置機関や県設置の機関には、コーディネータとしての役割が期待される。

●能力開発のための研修に向けて

今回のアンケートでは、研修が「効果的な能力開発」の場として十分機能していないことが確認された。課題はさまざまあるが、しかし、重ねて指摘したいのは、これらの課題はけっしてそれぞれの機関が単独で解消しなければいけない性質のものではないということである。

これまで、課題への対応として、(A)から(D)の「連携」をあげてきた。

(A)体制の連携―内部つまり現場となる実務職場と研修部局との連携

(B)体制の連携―外部つまり研修機関外の機関との連携

(C)制度・内容の連携―自治体全体の人事戦略のなかに職員研修を位置づけ、機能させること

(D)制度・内容の連携―育成したい能力(目的)と実施プログラム(手段)とが連動していること

「魅力ある研修の企画と、習得したものを職場で生かせる土壌作り」(四府県悉皆調査の自由意見欄)は多くの機関の目標とするところだろう。そのためにもあらためて職員研修における「連携」の必要性、さらにふみこんで「開放」の必要性についてふれたい。

こんにち、職員研修は、単独の部局や機関のなかに閉じていられるものと考えることはできない。人材を育て、能力を開発するためには、ゆたかに(A)~(D)の連携をつくっていくことが必要になってくる。研修の制度と内容が、研修担当部局から現場へ、機関から外部機関へ、自治体から地域へと相互に開放されている「開放型能力開発」システムをめざす発想の転換が必要

とされているのである。

たとえば、ある研修手法の開発にとりくんだとする。（Ａ）内部の連携から、効果のほどや感想をさぐることもできるだろうし、（Ｂ）多様な機関の先駆例から学ぶこともできるだろう。あたらしく必要とされる能力にたいする手法開発のコストは大きい。開発や実施の共同化を進めることで、そのコストを押し下げることができる。（Ｃ）の形成の過程で全庁的な議論ができればそれは（Ａ）の連携につながっていくだろう。（Ｄ）にとっても（Ｂ）の先駆例や共同研究は効果を発揮しうる。ＮＰＯや地域との協力により、（Ｄ）プログラム自体を外部に開かれたものとすることも可能だろう。

これらの連携のうち、（Ｂ）外部との連携は、アンケートのなかでは課題として強く認識されていない項目である。他研修機関との連携、大学や民間団体、研究機関との連携は、単独の研修機関のみに帰せない課題である。さらにひろげていえば、この点はＬＯＲＣにとっても重要な課題であり、あらためて次章で論じたい。

4 「参加・協働」型社会の「地域人材」職員育成にむけて

●「開放型」研修制度と「地域人材」の視角

自治体職員の能力向上は、「自治体力」の向上に直結する。社会にとっての自治体力、職員力の重要性はますます高くなっていくだろう。それは、1章で述べたように、「市民とその生活に最も身近な政府」である自治体と自治体職員が、地域公共政策の展開の主体として大きな役割を果たすからである。

ところで、こんにちひろく指摘されるように、地域公共政策の展開や地域社会を支える主体は、自治体と自治体職員にかぎらない。はばひろい市民やNPO・NGOの活動が行われ、期待され、場合によってはつくりだそうとされているのは、多様な主体によって地域社会を支えていくことが不可欠ととらえられているからである。こうした人材を「地域人材」としてとらえたとき、その人材育成や能力開発はどこでどのように行いうるのか、という問いがあらわれる。

「地域人材」育成システムとして自治体職員研修制度を見るとき、ひとつには職業による分断の壁が厚いこと、またひとつには職業専門性にかかわる部分よりはばひろい「地域人材」としての基礎能力の部分についても職員研修制度の枠組みで行おうとしていること、が指摘される。「地域人材」としての能力は、理念上では**図14**のように、社会における「常識」の部分からその職業や組織の特性にあった特殊能力にいたるまで多岐にわたるだろうが、現状ではその能力育成の機会は乏しいものになっている。自治体では、「地域人材」としての基礎部分から職業専門性の高い部分まで職員研修の領

図14　地域人材の育成・能力開発のイメージ図

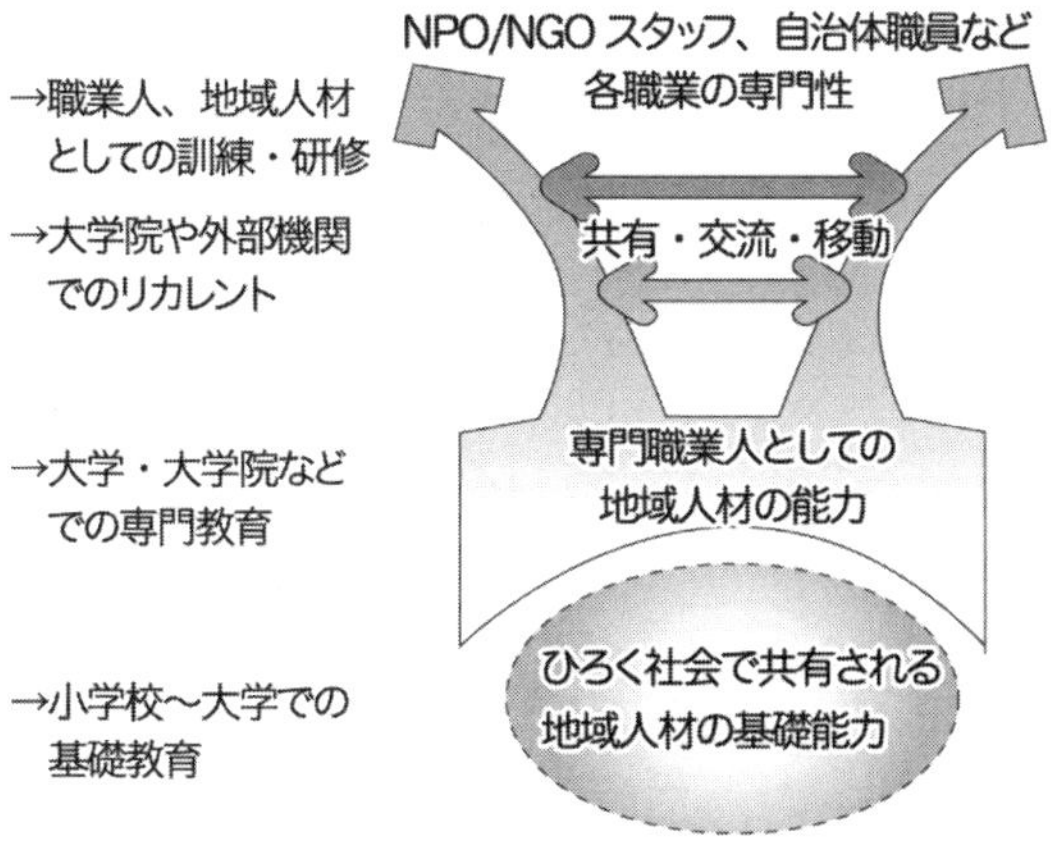

域として認識され、一方で、他の「地域人材」層は能力開発の機会にほとんどふれられない、という状況があらわれている。職員採用制度が地域公共政策の過程をになう人材としての能力を測るものとなっていないことは、この状況の根を深いものとしている。「地域人材」としての基礎教育をも自治体職員研修がになうなら、職員研修制度にとっても高いコストがかかり、自治体職員という職業枠の中でのみ費やされることで社会にとっても高いコストとなる。これは、自治体職員研修システムだけの問題ではなく、「地域人材」層の能力育成の機会をわたしたちの社会のなかにいかに織り込んでいくかという社会全体の課題である。

もちろん、この社会全体の課題にたいして職員研修制度がとりくめることは多い。「地域人材」を職業とする自治体職員の研修も、自治体職員という職業の枠で閉ざされたものとなるのではなく、他の「地域人材」への開放性をもつ可能性が考えられる。市民や市民活動団体などから学ぶことはもちろん、自治体職員の能力開発手法も、自治体職員のみ対象とするのではなく、その一部は他の「地域人材」層に開放することによって地域全体のマンパワーの拡大・深化をはかることも可能ではないか。

これまで、本書では「自治体組織の職員」「自治体職員の研修」という、自治体組織からの視角で人材育成の課題をとらえてきた。しかし、「地域人材」という枠組みでは、「地域人材のなかで、

市民と共に研修を

北海道白老町企画課企画係長　高橋裕明

全国の自治体で職員研修が実施されています。それは、自治体を取り巻く環境の変化によって、行政の担い手である職員の資質と能力向上のためであり、変化に対応する自己の意識改革と組織の活性化が必要だからです。

北海道白老町では、今から15年ほど前に自治体ＣＩを導入し、自治体の自己改革と協働のまちづくりに取組みました。長年培ってきた行政文化、職場風土を自己改革として変えることは非常に難しいことでした。その中のひとつに研修改革がありました。

それは「行政課題から地域生活の課題研修へ」「職員の研修から市民と職員の合同研修へ」「理論から実践に対応する研修へ」と改革する市民・地域志向を高める職員の意識改革の試みでもありました。付随する制度として、市民と職員が意見交換する「出前トーク」、政策課題について合同研究する「まちづくり研修会」などが実践されるようになりました。

研修改革のひとつに、まちづくりを市民と行政が共に担い進めていくため、検討すべき課題の情報共有と共通認識が前提として必要であることから、行政主催の職員研修や議会主催の議員研修、市民主催のセミナー、講演会など全てが開催について事前に広報され、誰でも出席して情報・知識を得ることができる研修システムをつくりました。「よい講演をより多くの人に」と始められた合同研修が、従来なかった形態であっても、今ではすっかり常態化され、当たり前のこととなって、市民に公開し、その機会を共有するようになり、地域の皆が研修で得た共通の話題を考えるようになり、計画・条例・まちづくり活動など実践に広く活かされるようになっています。

その結果、職員だけで開催する研修よりも、職員にとっては市民から受ける刺激が大きくなったり、市民自身も情報を得て自主活動や参加活動が広がりました。さらに、市民と職員が同じテーブルに着いて政策課題について検討するというまちづくりの協働作業が拡充し、地域政策の検討について、いわゆる白老方式という協働のまちづくり手法に発展していきました。職員や研修は異質なものとの交流や環境を変えると成果が大きくなることもあり、白老町では職員と市民とが共に研修することを機会に共にまちづくりを担う人材が増えています。

職業専門性と自治体という組織特性を個性としてもつ存在」として「自治体職員」を位置づけることができる。この視角からも、自治体職員研修制度が「地域人材」にたいする開放性をもつことの必要性を指摘したい。

●「地域人材」の視野 ～地域の課題と担い手

ＬＯＲＣが提唱する「地域人材」という概念はまだ未成熟だが、日本だけでなく、世界的な方向性としてその形成を整理することができる。

二〇世紀をつうじ「主権国家」は国際社会にとっても地域社会にとっても他を圧する主体であった。しかし、その構造は二〇世紀末には大きく揺らいだ。１章でものべたように、工業化・民主化がすすめば、「政策・制度のネットワーク」によってはじめて人々の生活がなりたつ社会構造がうまれ、したがって「市民生活を政策・制度のネットワークの構築によって支えること」が政治の大きな役割となり、自治体はそのための「最も身近な政府」となる。地域社会の市民もまた、社会のメンバーとして、政策・制度のユーザーとして、自治体をふくめた政府のオーナーとして、自分たちの社会をささえる地域公共政策に多様にかかわりはじめている。日本の分権改革

バーミンガム大学地方自治研究所での人材養成プログラム

英国バーミンガム大学都市地域研究センター客員研究員　小山善彦

バーミンガム大学の地方自治研究所（INLOGOV）は1962年の設立で、その歴史および規模において、イギリスを代表する公共セクター人材養成機関である。年間の事業収入は約400万ポンド（８億円）で、アカデミックスタッフは40人を超える。活動内容は大きく「一般教育（学部、大学院）」「コンサルタント・調査研究」「経営能力開発（Management Development Programme）」に別れ、収入構成では最初の２つがそれぞれ４分の１、「経営能力開発」が約半分を占めている。

最近その重要性を高めてきたのが「経営能力開発」部門である。地方自治体の職員や議員を主対象とする人材養成コースだが、政府機関やボランタリー団体、民間会社からの参加もある。行政改革の進化とともに、地方自治体の役割は、サービスデリバリーから地域リーダーシップ、協働型システムのデザイン、パートナーシップ構築、プロジェクトやパフォーマンスのマネージメントへと徐々にシフトしつつある。これに対応し、「公共サービスと組織改革」「マネージメント能力開発」「ローカル・ガバナンス」「公共セクターリーダー養成」といった研修プログラムが用意されている。３～５日間の滞在研修を年に数回実施するのが一般的で、職場を離れずに専門能力を高められるだけでなく、希望すればCertificateやDiploma、さらには修士号などの大学院資格をとることもできる。

こうした社会人向けの専門教育は「継続的専門能力開発（Continuing Professional Development・・ＣＰＤ）」と総称される。個人のキャリアパスに欠かせないだけでなく、政府が進める「学習型社会（Learning Society）」の実現にとっても重要なテーマとして認識されている。ＣＰＤ機会は専門職能集団、大学、民間コンサルタント、ＮＰＯなどによって広く提供されているが、とくに大学にとっては今後一般学生からの収入増が期待しにくいだけに、拡大するＣＰＤ市場への事業参入が重要な経営テーマとなっている。

は、十分に意識されているかどうかは別として、このような潮流のなかに位置づけられるのである。

実際に、二〇世紀末から世界のあらゆる地域で地域とそこにすむ人々の主体性が重要視され、後発国の社会開発においても、開発の基礎理念は「地域社会と市民が主体となる参加型開発」になりつつある。こうした変動は、拡大し深化しつづける地域公共政策の展開を、地域における「自治・分権」を基本理念とした「参加・協働」型へ転換することを求める大きな潮流になっているといえる。なによりも重要なことは、地域政策の展開を支える人々が、多様な職業や専門性をもちながら、社会のなかにゆたかに存在することで、はじめてこのような転換が実現されていくということである。

しかし、このような変動や要請は、世界と地域をとりまく激しい動きのなかでとらえられはじめたばかりであり、その担い手がぞくぞくとあらわれ、動きを加速するような状況にはいたっていない。とくに「自治・分権」、「参加・協働」型地域政策の展開の歴史が浅い日本にとっては、「地域人材」の育成は重要な課題である。

●地域人材をどのように育てるか

では、こうした「地域人材」にはどのような能力が期待されるのか。

たとえば、自治体職員は、「職業専門性をもった」「ある地域の」「行政機構の一員」という特徴のある「地域人材」である。単純に考えれば、自治体職員に必要とされる能力から、「自治体組織の一員」にのみ必要とされる能力や技術をよけてみる、あるいは「職業的専門家」に必要とされる能力や技術をよけてみることでも、「地域人材」に必要とされる能力を仮定することができるだろう。

2章であげた能力の選択肢（一四頁、表2）でみると、「参加・協働の能力」コミュニケーション能力や説明責任、「政策・行政の手法」政策の実行力や政策法務などの多くの項目は、まちづくりの活動を行う市民やNPO・NGOスタッフ、地方議会議員にも期待されるだろう。

さきほど例示した、自治体の研修制度の一部を一般公開するような「開放型」研修制度は、この要請にも応えうる可能性を持っている。能力開発や人材育成にかかわるこうした開放性は、自治体職員研修だけでなく、たとえば、地域政策・公共政策系の学部や大学院の設置がさかんな高

持続可能な地域づくりの人材養成「志の森」大学

市民活動・ＮＰＯコーディネーター、ＮＰＯ政策研究所理事
阿部圭宏

特定非営利活動法人ＮＰＯ政策研究所は、持続可能な社会の実現が21世紀の大きな課題であり、その実現のためには持続可能な地域（サステイナブル・コミュニティ＝ＳＣ）づくりを推進する必要があるということを提唱してきた。ＳＣづくりには、分権社会のあり方や地域再生の問題などに取り組むことが大切であり、そのための地域人材が必要であるとの認識に立って、2003年度に「志の森」大学が開講することとなった。

一口に人材といっても、そこに求めるスキルは多種多様である。「志の森」大学では、政策形成力を身につけたＮＰＯリーダーや地縁組織リーダー、協働関係構築能力を持った自治体職員、新しい自治体像に対応する政策立案・政策評価能力を身につけた地方議員、そして専門職能としての地域再生プロモーターの養成をめざすことをコンセプトにしている。

2003年９月から、「自治体変革コース」（自治体職員向け）を皮切りに開講し、2004年１月には「社会変革コース」（ＮＰＯリーダーや地縁組織リーダー向け）、2004年５月には「議会活性化コース」（地方議員向け）、「自治体変革コース」（第２期）という形で順次進めている。

「志の森」大学は、受講料に加えて、龍谷大学地域人材・公共政策開発システムオープン・リサーチ・センターから2003年度と2004年度の２年間の助成を受けて運営しているが、実際のところ経費面ではなかなか厳しいのが現状である。少しでも質の高い講座を提供したいとの思いから、多岐にわたる講師陣の確保が受講料を押し上げる結果になると共に、ＰＲ不足も加わって、内容的には満足をいただけても、定員確保が難しいのが現状である。

今後は受講生にとっては満足の高いプログラムを組み立てながら、採算ベースに載せるため、企業や大学との連携を進めるなどの方策を探り、「志の森」大学がめざす「地域再生プロモーター養成コース」を柱としてながら、地域づくりを担う地域人材を輩出する養成機関としての役割を果たしていきたいと思っている。

等教育機関としての大学にも、その役割が期待できるだろう。さらに、「地域人材」層の拡大を直接の目的とするNPO・NGOのとりくみにも期待したい。いずれにしても、自治体職員研修制度は、「地域人材」能力の育成システムとして現時点ではもっとも具体化されたかたちある制度である。職員研修制度が「連携」と「開放」ある地域人材の能力開発システムとして改革され機能するなら、地域政策の展開に大きな役割をはたすことだろう。

「地域人材」層の拡大は、地域にたいする期待の高まりとともに、重要な課題となっていくことは疑いない。社会における「地域人材」層の拡大・深化は、自治体職員研修にかぎらず、社会全体の課題である。「地域人材」の能力育成の機会が社会のなかに乏しく、したがって「地域人材」としての基礎教育も職業教育のなかで行われざるをえない、という社会全体からみた高コスト構造を乗り越え、**図1**、**図14**の模式図に近づけることが必要ではないだろうか。

LORCではこうした課題にとりくみ、「地域人材」の能力育成における大学や研究機関の可能性を探り、模索を展開することを目的のひとつとしている。自治体職員研修制度のみが「開放型」をめざすのではなく、大学や研究機関、NPO・NGOなど多様な主体による「地域人材」のための「開放型能力開発」機会の提供がなされていくことを提案し、LORCも大学設置の研究機関としてその一助となることをめざしている。こうした動きが現実のものとなっていくのであれば、「地域人材」層の拡大・深化をつうじ、自治体職員研修のありかたもまた変化するのではないか。たとえば、「地域人材」の基礎能力がある人材が採用されれば、基礎能力の研修負担は軽減できる。大学や研究機関に、研修や研修手法の開発を一部委託することも可能だろう。市民やNPO・NGOスタッフと共同で研修する機会があれば、「参加・協働」型政策の展開の基礎能力の向上にもつながりうるだろう。実際に「民間会社や住民団体と一緒に勉強できる機会があれば良いが、ノウハウがない」(四府県悉皆調査の自由回答欄)という声もあり、潜在する需要は大きいと考える。

また、本来高等教育機関であることをめざす大学自身が、地域や自治体との「連携」と「開放」を欠きがちであったことは大きな問題である。公共政策を対象とする学部や大学院の設置が盛んでありながら、そこでの教育や研究がどのように公共政策過程の場としての「グローカル」な「地域」に寄与しうるか、するべきかという課題にとりくんでこなかったといえる。ここで今回のアンケートが対象とした「地域人材」の能力開発という側面から、大学や研究機関が果たしうる役割についてあげてみたい。

(1) 研修する「場」の提供―民・官・学の連携や交流

たとえば、多様な「地域人材」を対象とするカリキュラム開設や、政策分野ごと・隣接地域ごとの政策課題を研究するフォーラムやラウンドテーブルの開催など。

（2）基本方針・基本計画や、研修プログラム体系の共同企画や共同研究

「地域人材」の視点から、求められる人材像や必要となる能力、その習得機会の提供体系の企画について、相互に協力する。

（3）研修プログラム手法の模索と成果の提供

（2）を実現しうる手法の模索と具体化、先駆事例や効果ある事例の共有化、ＯＪＴや効果測定などの要望が高い手法の研究にあたって連携協力する。

（4）研修ニーズの調査と成果の提供

分権化の世界的な潮流もふくめ、現在ある、あるいは将来必要となりうるニーズの調査研究やその成果の共有をすすめる。

（5）大学や大学院での、学生にたいする「地域人材」基礎能力の提供

「地域人材」の基礎能力の習得を支援することで、専門職業人となったあとの研修プロセスの軽減が結果として可能となる。専門職業人に限らず社会全体の「地域人材」のすそ野を広げ、「地域人材」として共有される部分が、幅広い主体のあいだでの「協働」を円滑にしうる。

（6）大学院や専門性の高い公開講座での職員にたいする「地域人材」専門能力の提供
リカレントに限らず、「現場」と「理論」あるいは「研修」との行き来をすすめ、（1）の多様な主体との交流や連携を含め、「地域人材」としての専門能力の向上をはかる。

（7）政策研究や演習による、個別政策課題への取り組みへの支援
（1）で示したような、政策分野ごと・隣接地域ごとの政策課題を研究するフォーラムやラウンドテーブルの開催により、海外例を含め事例や模索の共有、政策課題にたいする議論や政策形成を支援しうる。

これらの可能性にたいするとりくみは、大学の一方的な「貢献」ではなく、ことに公共政策を対象とする学部や大学院をもつ大学にとって重要な意味を持つことを指摘したい。現状の大学機構と地域とのかかわりは、実際は一部の研究者個人個人の活動に還元されている。しかし、公共領域をめぐる変容や政治主体の「多元・重層化」は、教育機関、研究機関としての大学がグローカルな意味での「地域」とのかかわりのありかたに変容を迫っており、大学にとっても研究者個人個人にとっても、「開放型能力開発」の機会を創出することに積極的になる意義がある。

公務員試験など現状の自治体職員の採用のしくみが、こうした能力を評価するためのものと

なっていないこともここであらためて指摘したい。たとえば大学の学部でこうした教育を行おうとしても、採用段階でその能力を評価するしくみがなければ、教育の広がりには限界があるだろう。採用する側にとっても、それは不利益となる。一定程度の「地域人材」としての基礎能力をもって職員が採用されるのであれば、その能力の開発負担は減るのである。どのような評価のシステムであればその基礎能力がはかれるのか、そうしたシステムもＬＯＲＣの研究対象となっている。

前掲した七項目は、ＬＯＲＣに限らずとりくみはみられるものの、現状では可能性にとどまっている。しかし、こうした可能性をかたちにしていくことの重要性はいうまでもない。「地域人材」層が多様なひろがりをもち、ゆたかな力を発揮しうる社会に変革していくために大学や研究機関がとりくむことは、「地域人材」にたいする社会の要請に、社会の一員としての大学や研究機関が果たせる役割でもある。そのためには、「開放型」能力開発をめざす試行錯誤のとりくみが必要である。ＬＯＲＣはこのような問題意識にたって、その主体の一つとして、今後、「地域人材」の能力開発のための研修プログラム手法やその体系について、自治体職員研修機関また市民活動団体の協力をあおぎながら研究や試行、提案を行いたい。

地域（コミュニティ）・メディアの視角をやしなう研修の可能性

龍谷大学経済学部助教授　松浦さと子

映像機器が廉価で使いやすくなり、ケーブルやインターネットを介して地域社会のさまざまな問題を取り上げ、共有することが容易になったことで、地域メディアの存在は問題解決に意義あるものと認識されてきた。その経験は全国的国際的にも共有されつつあり、問題解決の道具としての有用性は高まっている。

京都府では各市町村の行政職員が地域社会で映像取材を行い、地元放送局で放送する「デジタル疏水」を2003年11月に開始した。通常は行事や特産品作りなどの取材とインタビューが中心だが、災害時の救援体制情報の収集が第一の目的とされる。担当職員は多くが若手、ハンディカメラを片手に町に出る。農業祭の準備を取材した南山城村の岸田いずみさんは「研修の実践ができる」「取材を通じて住民とコミュニケーションができる」、伊根町の智原元基さんは台風18号の状況を撮影し「住民と同じ目線になり、問題に一緒になって取り組める実感が持てた」という。何より「住民や現場から学ぶ」姿勢を映像取材によって再確認していることが頼もしい。府の広報課はこの情報網への住民参加を拡大し職員が調整役として機能するシステムにする意向があるという。

全国でも、ローカル放送やケーブルテレビなど情報通信網を活用する事例が増えている。住民プロデューサーが地域イシューや映像資源を発見し番組を企画構成する活動に、行政職員が参加するケースもある。熊本県では、住民ディレクターが地域情報を発信する活動に、広域行政組合の職員が溶け込み、地方行政への信頼を培っている。住民と一体となったコミュニケーション活動が地域の問題意識の共有に重要であることが各地で実証されつつあり、職員研修の一要素になる可能性も実感できる。

地域（コミュニティ）・メディアの視角を学ぶことは、自治体職員にとって十分価値あるものである。地域メディアは、市民による地域の課題の発見、解決の模索と提案を可能にする市民のツールとしての可能性をもっている。公権力の関与となることは注意して避けなくてはならないが、自治体職員にとって大きな意義や効果を持つ経験となりうるのである。

●自治体職員から地域人材へ

自治体職員が地域公共政策の展開に果たしてきた役割は大きい。地域公共政策が「自治・分権」を基本理念とする「参加・協働」型に変化しようとしていることは、その到達点のかたちでもある。「協働」という用語は市民や自治体のあいだに必要な、健全な緊張関係や対立関係を覆い隠してしまいがちだが、「地域」のありかたを共通のテーマとする多様な主体がかかわりあう状況があらわれていることを示している。今日、多様な市民や市民活動団体によって、それぞれの必要や喜びに応じて、多様なかたちで、この公共政策の展開がになわれることが必要とされているのである。「地域人材」はエリートを指すのではなく、こうした構造変動をへた社会の主体のありようをとらえる視角のひとつである。「地域人材」という視角を設定することで、職業などで分断され優越づけられることなく、それぞれが「地域」という共通のフィールドと多様なテーマと役割をもつ活動の主体としてみることができるのではないか。

自治体職員は、自治体という組織属性を個性とし、その地域をフィールドとする、高い職業専門性をもつ「地域人材」であるという認識を期待したい。その能力育成は、基礎能力をベースに、専門性、職業性から必要となる専門能力を積み重ねていく、「地域人材」職業人のキャリアデザインであり、地域公共政策の過程を支えるちからの増大につながるのである。

地域政策を担う人材育成のあり方と課題に関するアンケート調査（その１）

Ⅰ　研修の基本方針・求められる職員像についておたずねします。

1．研修に関する基本方針及び研修計画について

(1)　貴研修機関では、人材育成・能力開発についての基本的な方針（研修計画の上位計画）を策定されていますか。該当する欄に○を記してください。

策定済		策定予定	年度	未策定	

策定済の場合は、その名称と策定年度をお書きください。

名　称		策定年度	

(2)　貴研修機関では、基本的な方針にのっとった研修計画を策定されていますか。該当する欄に○を記してください。策定されている場合は、その期間をご記入ください。

は　い		年計画	いいえ	

(3)　（この設問は、研修計画を策定されている研修機関のみにおたずねします）
貴研修機関では、研修計画をどのように策定されていますか。該当する番号に○を付してください。なお、２・３を選択された場合は、補足設問に従ってご回答ください。

１．研修所のみで策定

２．外部委員を招聘し委員会等を設置して策定

委員会構成メンバー

研修所職員	本庁職員（出向者を除く）	外部委員	参加された方の所属に○を付し、専門分野等を具体的にご記入ください。		
名	名	名		学識経験者	
				民間教育研修企業・専門家	
				経済界	
				NPO	
				その他	

３．その他（具体的にご記入ください）

(4)　（この設問は、基本的な方針・研修計画を策定されている研修機関のみにおたずねします）
貴研修機関における職員研修の基本的な方針及び研修計画の決定権限はどこにありますか。該当する選択肢があればその番号を、ない場合は具体的にご記入ください。

基本的な方針		研修計画	

【選択肢】

1	自治体首長
2	本庁人事課
3	研修所（課）内運営委員会

(5) 貴研修所機関における職員研修の理念あるいは基本方針をご紹介ください。計画書等の添付をもって回答にかえていただいて結構です。

2．目指されている職員像について
（自治体の独自研修所におかれては貴自治体の方針、合同で運営されている場合は貴研修所の方針としてお答えください）

(1) 貴自治体（貴研修所）において、育成すべき職員像を簡潔に表現すればどのようになりますか。その基本コンセプトをお教えください。

(2) 貴自治体（貴研修所）では、これまで職員にどのような能力や技術の習得機会を提供されてこられましたか。下記の選択肢から、重視されたものを順に５つまでお答え下さい。

優先順位	1	2	3	4	5
番号記載欄					

(3) 自治体をとりまく環境の変化にともない、今後、職員にどのような能力や技術の習得が必要だとお考えですか。それぞれについて、次頁の選択肢から、重視されるものを順に５つまでお答え下さい。

①職員全員に必要な能力・技術

優先順位	1	2	3	4	5
番号記載欄					

②職員全員ではないが、専門的に必要となる能力・技術

優先順位	1	2	3	4	5
番号記載欄					

【選択肢】

参加・協働の能力	1　**コミュニケーション能力**：市民や事業者など外部の主体と円滑に意思疎通ができ、共同で事業やとりくみを展開していける能力。
	2　**調整・交渉能力**：利害が異なる多様な主体どうしの対立のなかにあって、調整や交渉を重ね一定の解決策を見いだすことができる能力。
	3　**説明責任、応答能力**：市民や事業者などとの協働・参加過程において、行政側の責任主体として十分な情報の提供や対応が可能な能力。
政策・行政の手法	4　**法律知識**：自治体関連法規や職務に必要な法規・例規を適切に理解する能力。
	5　**政策法務**：政策の実現にむけて、法規・例規を解釈し、立法できる能力。
	6　**政策の実行力**：人をふくめた地域の資源、事情、課題を収集し、具体的な施策展開にいかしていける能力。
	7　**先駆事例の応用**：他の自治体の事例を積極的に調べ、適用の可能性や展開を構想する能力。
	8　**効率性**：事業展開に際して、必要なコストの合理的計算ができ、効率性を高める手法をとることができる能力。
	9　**政策評価**：政策評価や目標管理の意義、手法を理解し、適切に処理できる能力。
	10　**新しい理論・動向の吸収能力**：NPM や PFI など、職務や行政分野の新しい理論や手法を積極的に吸収する能力。
職業人、組織人としての基礎能力	11　**常識**：時事、教養など、社会人としての基礎的な知識。
	12　**態度**：敬語、時間厳守、電話応対など、社会人としての節度ある態度を示すことができる能力。
	13　**接遇**：窓口対応、苦情対応、質問対応などで、相手に不快感を与えず対応できる能力。
	14　**協調能力**：上司、部下、同僚との適切な意思疎通、情報交換が日常の勤務において無理なくできる能力。
行政組織人としての能力	15　**公務員倫理**：人権意識、守秘義務、公務員としての役割を理解し、遵守できる能力。
	16　**事務処理能力**：コンピューターリテラシー、文書作成、稟議など、職務遂行にかかる事務を効率的に処理できる能力。
	17　**組織内調整力**：実現すべき政策目標にあわせ、所管課（係）をこえて他部課を説得し、連携して業務遂行できる能力。
	18　**改革推進能力**：職員を統括し、行政運営を円滑にすすめるための課題を発見し、リーダーシップを発揮できる能力。

Ⅱ　研修の現状についておたずねします。

「プログラムの目標」ごとに、(1)それぞれを目標にした研修の実施状況、実施されている場合は、(2)どのように企画されているか、(3)企画に至った状況、(4)どの段階で、(5)どのような研修として、(6)どのような研修の進め方で取り組まれているかについて、各項目の該当欄に○を付してお答えください。

■選択肢
A　本庁担当課からの要請があった
B　研修計画策定段階で必要性が確認されていた
C　研修所（担当課）内部での検討によって企画した
D　受講生アンケートなどの意見を踏まえて企画した
E　その他

詳細は、4頁掲載の選択肢をご確認ください。

プログラムの目標	(1) 実施		(2) 企画の方法						(3) 企画に至った状況
	している	していない	従来の内部企画	内部で新規開発	外部と共同開発	本庁各課持込み	外部委託	その他 具体的に	
1　コミュニケーション能力									
2　調整・交渉能力									
3　説明責任、応答能力									
4　法律知識									
5　政策法務									
6　政策の実行力									
7　先駆事例の応用									
8　効率性									
9　政策評価									
10　新しい理論・動向の吸収能力									
11　常　識									
12　態　度									
13　接　遇									
14　協調能力									
15　公務員倫理									
16　事務処理能力									
17　組織内調整力									
18　改革推進能力									

例えば
ディベート
ワークショップ
ロールプレイング　など

(4)　研修段階							(5)　取組み				(6)　進め方						
											講義形式			その他			
新規採用職員	5年未満	5年以上	主査・係長級	課長補佐・課長級	次長・部長級	公募研修	一般研修として	特別研修として	専門研修として	その他 具体的に	本庁職員	研修所職員	外部講師	参加型学習	自主研究	現場研修	独自の取り組み (具体的に)

Ⅲ　研修の課題・展望についておたずねします。

1．研修所・研修担当課が抱えている課題について

(1)　貴研修機関が研修を企画するうえで、どのような点がどの程度課題になっているとお感じですか。次の項目について、５段階で評価してみてください（該当する評価段階に○を付してください)。

①　企画・実施体制の問題

	強く感じる	感じる	どちらともいえない	あまり感じない	全く感じない
1　研修企画のための予算が不十分である					
2　研修を企画する人員配置が不十分である					
3　研修内容の企画・実施を支援する大学・研究機関等との連携がない					
4　本庁・自治体の現場にある研修ニーズを把握し、対応することができていない					
5　本庁・自治体の現場の部署との連携がとれない					
6　本庁・自治体の現場で、研修の重要性に対する認識が不足している					
7　他の研修所の手法やプログラムを参考にする機会に乏しい					
8　研修所の職員の研修・研鑽機会が不足している					
（合同運営されている研修所のみお答えください） 9．合同運営している組織間の連携、企画や実施における合意形成が難しい					
その他（具体的に課題だとお考えの点がありましたらご記入ください）					

②　内容に関する課題

	強く感じる	感じる	どちらともいえない	あまり感じない	全く感じない
1　現場ですぐ活かせる技能を習得するプログラムの開発が不十分である					
2　講義形式ではなく、受講生が体験・参加できるプログラムの開発が必要である					
3　研修ニーズに柔軟に対応したプログラムの開発が必要である					

	強く感じる	感じる	どちらともいえない	あまり感じない	全く感じない
4　研修の目標が達成できるプログラム設計となっていない					
5　地域の政策課題解決につながる手法を習得する実践型プログラムの開発が不十分である					
6　参加や協働など、分権社会の新しい政策動向や手法に関する能力のためのプログラム作成ができていない					
7　NPM や PFI など、行政運営や経営の新しい手法に関する能力のためのプログラム作成ができていない					
8　研修に対する受講生の意欲が低く、効果があがらない					
9　自主研修、自己企画、自己啓発メニューなどを拡充する必要がある					
10　NPO、企業、大学、他自治体など、外部派遣や外部研修などの機会を拡充する必要がある					
その他（具体的に課題だとお考えの点がありましたらご記入ください）					

(2)　特に新規採用職員の研修を実施するについての課題をおたずねします。該当する選択肢があれば○を付してください。

1　採用試験が知識、能力、適正を十分に審査するものになっておらず、研修の負担が大きい
2　社会人、職業人としての素養を基礎から教える必要があるが、研修期間では不十分である
3　研修すべき内容が多岐にわたるが、研修目標に対して十分で効果的なプログラムとなっていない
4　職場研修など参加型・体験型研修と、講義型研修との連携が不十分である
5　受講生の目的意識が低く、効果があがらない
6　特に課題があるとは認識していない
その他（具体的にご記入ください）

(3)　(1)～(2)の課題を乗り越えるため、貴研修機関としてどのような工夫をされていますか。該当する選択肢があれば○を付してください。その他の欄に具体的にご紹介ください。

1　大学と連携して職員研修プログラムを共同開催している
2　民間教育・研修機関の研修プログラムを企画・実施している
3　民間研究機関や NPO、大学、自治大学校等と連携して職員の派遣実習を実施している
4　民間事業所への出向による派遣実習を実施している
5　職員が社会人大学・大学院に通学するなど独自に実施する研修を支援している
6　職員の自主企画や職員間での自主研究など独自に実施する研修を支援している
7　現在のところ特に具体的な工夫はしていない
その他（具体的にご紹介ください）

(4)　貴研修機関では、自治体の政策展開を担う人材を育成するうえで、特色ある取り組みや先駆的または試行的な取り組みをされておられますか。具体的にご紹介ください。

(5)　貴研修機関以外で、独自の、あるいは特色ある研修に取り組んでいる自治体、研修所をご存知ですか。具体的にご紹介ください。

Ⅳ　貴研修機関の組織についておたずねします。

（資料の添付をもって、回答に代えていただいても結構です）

(1)　貴研修機関はどのような組織の中に位置付けられていますか。該当する欄に○を付してください。

1. 独立組織		2. 人事課内組織		3. その他	（具体的にご記入ください）

(2)　（上記設問(1)で、「2. 人事課内組織」とお答えになった以外の研修機関におたずねします）貴研修所の設立形態について該当する番号に○を付してください。

1　単独都道府県・市の設立・運営
2　市町村合同運営（合同運営による財団法人を含む）
3　その他（具体的にご記入ください）

(3)　貴研修機関の体制についてお教えください。

	研修所・研修係の全職員数	うち、企画・運営に関わる職員数	課長級役職者数	部門数
人員数				

(4)　貴研修機関の過去3年度の研修事業にかかる予算額及び研修受講生の年間総数（概算で結構です）をお教えください。

年度	平成13年度	平成14年度	平成15年度
予算額			
受講生年間総数			

(5)　貴研修機関の名称及び本アンケートご回答担当者のご氏名、部署ならびに連絡先電話番号をご記入ください。

名　称			
回答担当者	氏名	部　署	
		連絡先電話番号	

ご協力ありがとうございました

「地域ガバナンスシステム・シリーズ」発行にあたって

日本は明治維新以来百余年にわたり、西欧文明の導入による近代化を目指して国家形成を進めてきました。しかし今日、近代化の強力な推進装置であった中央集権体制と官僚機構はその歴史的使命を終え、日本は新たな歴史の段階に入りつつあります。

時あたかも、国と地方自治体との間の補完性を明確にし、地域社会の自己決定と自律を基礎とする地方分権一括法が世紀の変わり目の二〇〇〇年に施行されて、中央集権と官主導に代わって分権と官民協働が日本社会の基本構造になるべきことが明示されました。日本は今、新たな国家像に基づく社会の根本的な構造改革を進める時代に入ったのです。

しかしながら、百年余にわたって強力なシステムとして存在してきたガバメント（政府）に依存した社会運営を、主権者である市民と政府と企業との協働を基礎とするガバナンス（協治）による社会運営に転換させることは容易に達成できることではありません。特に国の一元的支配と行政主導の地域づくりによって二重に官依存を深めてきた地域社会においては、各部門の閉鎖性を解きほぐし協働型の地域社会システムを主体的に創造し支える地域公共人材の育成や地域社会に根ざした政策形成のための、新たなシステムの構築が決定的に遅れていることに私たちは深い危惧を抱いています。

本ブックレット・シリーズは、ガバナンス（協治）を基本とする参加・分権型地域社会の創出に寄与し得る制度を理念ならびに実践の両面から探求し確立するために、地域社会に関心を持つ幅広い読者に向けて、様々な関連情報を発信する場を提供することを目的として刊行するものです。

二〇〇五年三月

龍谷大学　地域人材・公共政策開発システム
オープン・リサーチ・センター長　　富野　暉一郎

地域ガバナンスシステム・シリーズ　Ｎｏ．１

地域人材を育てる自治体研修改革

２００５年5月１０日　初版　　　　　定価（本体９００円＋税）

企画・編集　龍谷大学地域人材・公共政策開発システム
オープン・リサーチ・センター（ＬＯＲＣ）
http://lorc.ryukoku.ac.jp
執筆者　土山希美枝
発行人　武内　英晴
発行所　公人の友社

〒112-0002　東京都文京区小石川５－２６－８
ＴＥＬ０３－３８１１－５７０１
ＦＡＸ０３－３８１１－５７９５
Ｅメール　koujin@alpha.ocn.ne.jp
http://www.e-asu.com/koujin/

公人の友社のブックレット一覧

（05.4.30現在）

地域ガバナンスシステム・シリーズ

（龍谷大学地域人材・公共政策開発システム オープン・リサーチ・センター企画・編集）

No.1
地域人材を育てる自治体研修改革
土山希美枝　900円

No.5
自治基本条例はなぜ必要か
辻山幸宣　1,000円

No.6
自治のかたち法務のすがた
政策法務の構造と考え方
天野巡一　1,100円

No.7
自治体再構築における行政組織と職員の将来像
今井照　1,100円

No.8
持続可能な地域社会のデザイン
植田和弘　1,000円

TAJIMI CITY ブックレット

No.2
転型期の自治体計画づくり
松下圭一　1,000円

No.3
これからの行政活動と財政
西尾勝　1,000円

No.4
構造改革時代の手続的公正と第2次分権改革
手続的公正の心理学から
鈴木庸夫　1,000円

「地方自治土曜講座」ブックレット

《平成7年度》

No.1
現代自治の条件と課題
神原勝　900円

No.2
自治体の政策研究
森啓　600円

No.3
現代政治と地方分権
山口二郎　[品切れ]

No.4
行政手続と市民参加
畠山武道　[品切れ]

No.5
成熟型社会の地方自治像
間島正秀　500円

No.6
自治体法務とは何か
木佐茂男　[品切れ]

No.7
自治と参加アメリカの事例から
佐藤克廣　[品切れ]

No.8
政策開発の現場から
小林　勝彦・大石和也・川村喜芳
[品切れ]

《平成8年度》

No.9
まちづくり・国づくり
五十嵐広三・西尾六七　500円

No.10
自治体デモクラシーと政策形成
山口二郎　500円

No.11
自治体理論とは何か
森啓　600円

No.12
池田サマーセミナーから
間島正秀・福士明・田口晃　500円

No.13
憲法と地方自治
中村睦男・佐藤克廣　500円

No.14
まちづくりの現場から
斎藤外一・宮嶋望　500円

No.15
環境問題と当事者
畠山武道・相内俊一　[品切れ]

No.16
情報化時代とまちづくり
千葉純・笹谷幸一　[品切れ]

No.17
市民自治の制度開発
神原勝　500円

《平成9年度》

No.18
行政の文化化
森啓　600円

No.19
政策法学と条例
阿倍泰隆　[品切れ]

No.20
政策法務と自治体
岡田行雄　[品切れ]

No.21
分権時代の自治体経営
北良治・佐藤克廣・大久保尚孝
600円

No.22
地方分権推進委員会勧告とこれからの地方自治
西尾勝　500円

No.23
産業廃棄物と法
畠山武道　[品切れ]

No.25
自治体の施策原価と事業別予算
小口進一　600円

No.26
地方分権と地方財政
横山純一　[品切れ]

《平成10年度》

No.27
比較してみる地方自治
田口晃・山口二郎　[品切れ]

No.28
議会改革とまちづくり
森啓　400円

No.29
自治の課題とこれから
逢坂誠二　[品切れ]

No.30
内発的発展による地域産業の振興
保母武彦　600円

No.31
地域の産業をどう育てるか
金井一頼　600円

No.32
金融改革と地方自治体
宮脇淳　600円

No.33
ローカルデモクラシーの統治能力
山口二郎　400円

No.34
政策立案過程への「戦略計画」手法の導入
佐藤克廣　500円

No.35
98サマーセミナーから「変革の時」の自治を考える
神原昭子・磯田憲一・大和田建太郎　600円

No.36
地方自治のシステム改革
辻山幸宣　400円

No.37
分権時代の政策法務
礒崎初仁　600円

No.38
地方分権と法解釈の自治
兼子仁　400円

No.39
市民的自治思想の基礎
今井弘道　500円

No.40
自治基本条例への展望
辻道雅宣　500円

No.41
少子高齢社会と自治体の福祉法務
加藤良重　400円

《平成11年度》

No.42
改革の主体は現場にあり
山田孝夫　900円

No.43
自治と分権の政治学
鳴海正泰　1,100円

No.44
公共政策と住民参加
宮本憲一　1,100円

No.45
農業を基軸としたまちづくり
小林康雄　800円

No.46
これからの北海道農業とまちづくり
篠田久雄　800円

No.47
自治の中に自治を求めて
佐藤　守　1,000円

No.48
介護保険は何を変えるのか
池田省三　1,100円

No.49
介護保険と広域連合
大西幸雄　1,000円

No.50
自治体職員の政策水準
森啓　1,100円

No.51
分権型社会と条例づくり
篠原　一　1,000円

No.52
自治体における政策評価の課題
佐藤克廣　1,000円

No.53
小さな町の議員と自治体
室崎正之　900円

No.54
地方自治を実現するために法が果たすべきこと
木佐茂男　[未刊]

No.55
改正地方自治法とアカウンタビリティ
鈴木庸夫　1,200円

No.56
財政運営と公会計制度
宮脇淳　1,100円

No.57
自治体職員の意識改革を如何にして進めるか
林嘉男　1,000円

《平成12年度》

No.59
環境自治体とＩＳＯ
畠山武道　700円

No.60
転型期自治体の発想と手法
松下圭一　900円

No.61
分権の可能性
スコットランドと北海道
山口二郎　600円

No.62
機能重視型政策の分析過程と財務情報
宮脇淳　800円

No.63
自治体の広域連携
佐藤克廣　900円

No.64
分権時代における地域経営
見野全　700円

No.65
町村合併は住民自治の区域の変更である。
森啓　800円

No.66
自治体学のすすめ
田村明　900円

No.67
市民・行政・議会のパートナーシップを目指して
松山哲男　700円

No.69
新地方自治法と自治体の自立
井川博　900円

No.70
分権型社会の地方財政
神野直彦　1,000円

No.71
自然と共生した町づくり
宮崎県・綾町
森山喜代香　700円

No.72
情報共有と自治体改革
ニセコ町からの報告
片山健也　1,000円

《平成13年度》

No.73
地域民主主義の活性化と自治体改革
山口二郎　600円

No74
分権は市民への権限委譲
上原公子　1,000円

No.75
今、なぜ合併か
瀬戸亀男　800円

No.76
市町村合併をめぐる状況分析
小西砂千夫　800円

No.78
ポスト公共事業社会と自治体政策
五十嵐敬喜　800円

No.80
自治体人事政策の改革
森啓　800円

《平成14年度》

No.82
地域通貨と地域自治
西部忠　900円

No.83
北海道経済の戦略と戦術
宮脇淳　800円

No.84
地域おこしを考える視点
矢作弘　700円

No.87
北海道行政基本条例論
神原勝　1,100円

No.90
「協働」の思想と体制
森啓　800円

No.91
協働のまちづくり
三鷹市の様々な取組みから
秋元政三　700円

《平成15年度》

No.92
シビル・ミニマム再考
ベンチマークとマニフェスト
松下圭一　900円

No.93
市町村合併の財政論
高木　健二　800円

No.95
市町村行政改革の方向性
～ガバナンスとＮＰＭのあいだ
佐藤克廣　800円

No.96
創造都市と日本社会の再生
佐々木雅幸　800円

No.97
地方政治の活性化と地域政策
山口二郎　800円

No.98
多治見市の政策策定と政策実行
西寺雅也　800円

No.99
自治体の政策形成力
森啓　700円

《平成16年度》

No100
自治体再構築の市民戦略
松下圭一　900円

No.101
維持可能な社会と自治
～『公害』から『地球環境』へ
宮本憲一　900円

No.102
道州制の論点と北海道
佐藤克廣　1,000円

No.36
行政基本条例の理論と実際
神原勝・佐藤克廣・辻道雅宣
1,100円

No.37
市民文化と自治体文化戦略
松下圭一　800円

No.38
まちづくりの新たな潮流
山梨学院大学行政研究センター
1,200円

No.39
ディスカッション・三重の改革
中村征之・大森彌　1,200円

朝日カルチャーセンター
地方自治講座ブックレット

No.1
自治体経営と政策評価
山本清　1,000円

No.2
ガバメント・ガバナンスと
行政評価システム
星野芳昭　1,000円

No.4
政策法務は地方自治の柱づくり
辻山幸宣　1,000円

No.5
政策法務がゆく！
北村喜宣　1,000円

政策・法務基礎シリーズ
―東京都市町村職員研修所編

No.1
これだけは知っておきたい
自治立法の基礎
600円

No.2
これだけは知っておきたい
政策法務の基礎
800円

公人の友社の本

自治体が地方政府になる
～分権論
田嶋義介　1,900円

闘う知事が語る！
「三位一体」改革と
マニフェストが日本を変える
自治・分権ジャーナリストの会
1,600円

社会教育の終焉［新版］
松下圭一　2,500円

自治体人件費の解剖
高寄昇三　1,700円

都市は戦争できない
五十嵐敬喜＋立法学ゼミ
1,800円

挑戦する都市　多治見市
多治見市　2,000円

基礎自治体の福祉政策
加藤良重　2,300円

現代地方自治キーワード
186
小山善一郎　2,600円

アートを開く
パブリックアートの新展開
竹田直樹　4,200円

教師が変われば子供が変わる
（上）（中）
船越準蔵　各1,400円

学校公用文実例百科
学校文書研究会　3,865円